DICO MARSEILLAIS
d'*Aïoli* à *Zou !*

I.S.B.N. : 2-86276-326-8
© 1998, Editions Jeanne Laffitte, Marseille

Daniel ARMOGATHE
Jean-Michel KASBARIAN

DICO MARSEILLAIS
d'*Aïoli* à *Zou* !

Préface de Jean-Claude Izzo

EDITIONS JEANNE LAFFITTE

Oui mais quels mots, Marseille...

Parler, c'est vivre. Et forcément, le « comment on parle » relève de notre relation à l'Etat, au Pouvoir donc. A l'Ordre.
Le français n'est pas ma langue maternelle, c'est ma langue nationale. Ma langue maternelle, elle, a une autre couleur, un autre accent et une syntaxe qui fait frémir les correctrices de mes romans. (D'ailleurs que même plus elles essaient de corriger.) Cette langue, c'est la langue de la rue, de la vie quotidienne, des émotions. J'y suis bien dans cette langue. Elle est toujours juste dans le moment où je la parle. Sincère. Vraie donc.
On le sait bien, dès les bancs de l'école primaire, la langue nationale doit nous dresser. Nous apprendre que dans l'ordre il y a, toujours, la règle et l'exception. Du métal, des métaux. Un festival, des festivals. La règle est pour les pauvres. L'exception pour les riches. Comme la justice. L'argot, puis le verlan sont nés de ce refus de parler une langue d'oppression. Celle qui s'est constituée à partir de la négation des autres langues des peuples de France : le breton, le basque, l'alsacien et la langue d'oc. Celle qui, à coups de règles en fer sur les doigts, a tracé les contours des classes sociales. Ceux qui parlent bien. Ceux qui parlent mal.
A Marseille, on ne parle pas argot, et très peu le verlan. C'est qu'ici, on a un *parler*. Le parler marseillais. Cette langue n'a pas de préférence nationale. Depuis des siècles, elle est à l'image de la ville. Cosmopolite,

disait-on hier. Métisse, dit-on aujourd'hui. Le provençal maritime qu'employait le poète Victor Gélu était ouvert à tous les ports du monde. Parce qu'on savait bien, ici, sur les quais, que les mots sont à tous, qu'ils sont faits pour réunir, pas pour diviser, et qu'ils peuvent se troquer comme s'échangent les marchandises. Se partager eux aussi, comme un bon repas.

Le parler marseillais a cette vocation d'être une langue vivante. Au contraire du français qui se meurt faute de se régénérer (se souvient-on de ce grand débat à l'Académie française : devait-on dire alunir ou atterrir sur la lune ?). Stendhal le disait déjà : « La langue dégénère et perd son caractère parce que les vanités et les convenances (qui ont déjà tué la gaîté) empêchent d'employer ces mots ».

Un mot avait été lâché par Paolo Fabri, lors d'une conférence organisée à la Direction régionale des affaires culturelles, le 7 décembre 1993, celui de *créolisation*.

Je devine les cheveux de certains se dresser sur leur tête, à ce seul mot de créolité. Quoi ! le parler marseillais, du créole ! Et alors ! N'ayons pas peur des mots, que diable !

Le créole, définissait Paolo Fabri, est « tout mouvement d'une langue préalablement appauvrie ». Et il présupposait comme possible que « le français et l'italien soient le résultat d'une créolisation après l'appauvrissement du latin... » Les langues « après un enrichissement systématique » se seraient alors différenciées par rapport à cet appauvrissement par une créolisation enrichissante. Un processus d'emprunts et d'apports d'origines multiples, mais de sommes distinctes dans les deux cas. Pour Paolo Fabri, « l'une des causes de l'appauvrissement d'une langue serait précisément son repli sur sa seule structure, sa fermeture aux apports extérieurs ». On l'aura compris, par opposition donc, la créolisation signe sa richesse entretenue.[1]

---

(1) *Soyons créoles, calmement, résolument.* Journal du Théâtre du Merlan, N° 7, mars 1996.

Les mots qui suivent, dans ce dictionnaire du nouveau parler marseillais, en sont pour moi la preuve éblouissante. D'aïoli à yéba, les mots s'accouplent, c'est-à-dire s'unissent face à la montée extrême du purisme français et, périphériquement régionaliste, face au repli culturel maurrassien, face à l'affirmation d'une Méditerranée latine contre une Méditerranée historiquement métisse, telle que Fernand Braudel s'est merveilleusement employé à le démontrer toute sa vie.

La langue nationale, en voulant nous polir, nous policer, du même coup nous encage en permanence. Tous les jours un peu plus. Nous et la vie. Et interdit tout mouvement. Parler, c'est vivre, disai-je. Et vivre c'est bouléguer. Avec fureur. Nous risquons, toujours, de nous retrouver avec des semelles de plomb et, ainsi tanqués les deux pieds dans la terre, de perdre à jamais de vue la mer et ses horizons. Les ailleurs du monde, dont nous faisons l'expérience depuis deux mille six cents ans. Les autres. L'autre, notre semblable marseillais en Jamaïque. Ou à Rio, à Buenos Aires, à Saigon, à New York, à Mayotte ou Alger.

Alors, aïoli sur ce livre !

Et yéba, toujours !

Jean-Claude Izzo

Nos remerciements les plus chaleureux vont à Geneviève Dubreuil, qui a suivi avec une vigilance éclairée les étapes de ce travail et à Pierre Echinard, qui a bien voulu par amitié relire le manuscrit et nous faire part de toutes les suggestions que sa grande connaissance de Marseille autorise.

Merci également à Danielle Perret pour son aide précieuse dans le traitement des données, à Charles Tîné, webmestre* du Pari de Marseille et à tous les colléganous tchatcheurs* communicants du Web, qui ont été indirectement de formidables enquêteurs.

Remerciements, enfin, à Apolline Quintrand et au Festival de Marseille pour le soutien apporté à l'équipe de recherche qui travaille sur les parlers de Marseille.

Aïollywood,
les libres palabres de Marseille

> Tous les mots sont égaux en droit (V. Hugo)
>
> Si tu n'as pas le moral,
> Si tout te paraît idiot,
> Vient dans notre scénario
> A Aïollywood (Massilia Sound System, 97)

Le Verbe, dès les commencements, a soufflé sur Marseille. Cette ville qui a fait négoce de tout est un sonore marché aux mots, un étal vivant de langues, une criée hâbleuse et colorée. La cité marchande accueille et digère les denrées verbales qui arrivent par vagues de tous les continents, et maintient avec force ses sources fondatrices. Marseille est inventive et résistante à la fois. Les mots des autres, ceux tirés des soutes ou dérobés aux comptoirs, étrangers et barbares, elle finit toujours par les assimiler, en les détournant, en les accentuant, en les musicalisant. Elle se les appropie, les acclimate et alors seulement, elle les déguste goulûment comme des coquillages.

Comme dans les autres régions françaises, elle a naguère subi les assauts de la standardisation, de l'alignement linguistique, mais, différemment des autres, sans doute, elle a détaché et cajolé des pans entiers de son parler, qui ont gagné le maquis. Marseille, à travers ses fils directs ou naturalisés, se réachalande chaque jour aux vieux docks de sa langue. Elle y est poussée par une forte aspiration identitaire, un esprit de connivence interne et collective, fièrement arborée, mais aussi par une sourde résistance au parisianisme – de là certainement le peu d'impact du verlan sur le langage des jeunes – et un refus du mythe américain auquel le slogan "Aïollywood !" fait un assez joli pied de nez.

Dans l'étonnant manteau d'Arlequin des parlers de Marseille, qui s'est tissé et rapiécé tout au long de l'histoire, on remarque, du babil anodin aux joutes des tribuns, de l'acteur pagnolien au rappeur des cités, une forte propension à la surenchère verbale. A Marseille, la faconde fait éclater la chrysalide du mot et le verbe se grise alors de son essor, s'enfle au contact de l'auditoire et s'envole hors champ comme feuilles au mistral. Ce sont mots de chair et de lumière qui veulent vivre au pays ou porter au loin ses couleurs, quand le vent de l'aventure les y pousse. Ce sont leurs formes, leur haleine, leur actualité, leur trésor de vitalité, mais aussi les durs conflits qu'ils sous-tendent, l'humour et la grimace, l'impudeur et le charme, qu'on veut décrire et offrir en partage dans les colonnes vivantes de ce dictionnaire. Pour témoigner, en une sorte d'arrêt sur image, de l'état fugace ou durable des parlers du Marseille d'aujourd'hui.

La pêche aux mots

Ces mots de l'exception marseillaise sont volages, instables – plus dans leurs usages que dans leurs formes d'ailleurs – et leur transcription écrite, on le sait, est fortement aléatoire ; ils narguent le collectionneur et échappent au lexicographe qui prétend les fixer dans son "verbier", comme fait un botaniste lorsqu'il tranche une vie pour la mieux observer. Car ces drôles de spécimens se reproduisent en se transformant, changent de peau et muent aujourd'hui à la vitesse d'une génération, voire d'une décennie. Leur inventaire est toujours provisoire, toujours à recommencer.

Les mots de Marseille, qui ont poussé dans le terreau provençal, leur substrat naturel, trouvent leur place dans les dictionnaires provençaux dès le XVIIe siècle. On les débusque ensuite dans les dictionnaires du français national, qu'il s'agisse du standard ou de l'argot, ou, plus récemment du parler des jeunes générations[1], sous l'étiquette "origine provençale" ou "origine marseillaise". Plus près de nous, la collecte d'Auguste Brun, *Le Français de Marseille* (1931) et celle de Robert Bouvier, *Le Parler Marseillais* (1985) auquel nous renvoyons fréquemment pour les entrées qui nous sont communes, ont déjà pris rang de "classiques"[2].

Mais aujourd'hui même comment s'y prendre pour capter les mots qui accompagnent les changements vifs et rapides, sans précédent peut-être, de la société marseillaise, pour comprendre ce qui se dit, se fait, ce qui se détruit ou se construit sur les rives du Vieux-Port ?

Jusqu'ici on a fait très largement appel à l'intuition, au vécu personnel, aux témoins familiers pour édifier des répertoires, en majorité peuplés de "mots de bouche". Mais de ces témoins, on ne sait rien, ni leur nombre, ni leur âge, leur origine sociale, leur quartier, le temps passé dans la ville, etc. Il y avait nécessité à donner un visage, un nom à ces absents

---

(1) Cf. le lexique de l'ouvrage de B. Seguin et F. Teillard *Les Céfrans parlent aux Français*, Calman-Lévy, 1996 et J.P. Goudaillier : *Comment tu tchatches ! Dictionnaire du français contemporain des cités*, Maisonneuve et Larose, 1997.

(2) Sans oublier l'inventaire (trop) confidentiel de Louis Roubaud, 1993.

opaques, qui sont les précieux porte-voix de Marseille. Une enquête préliminaire a été menée en situation de communication réelle : aux arrêts de bus, dans les bars, sur les marchés, dans les foyers de jeunes, les discothèques, etc., viviers contemporains du langage marseillais. Une quarantaine de témoins appartenant à différents quartiers de la ville, d'âge – les moins de 30 ans y figurent pour moitié –, de milieux sociaux et d'origine très variés, ainsi que des Marseillais récents, habitant la ville depuis moins de dix ans, ont été invités, au cours d'entretiens d'une durée moyenne de deux heures, conduits par des collaborateurs enseignants, à tester et à commenter au départ 300 formes d'usage[3]. Quelques astuces de métier pour les inciter à produire les mots attendus et entendus, ou d'autres inespérés, et l'inventaire s'est trouvé considérablement élargi.

Le domaine de l'écrit, peu exploité auparavant, a été systématiquement pris en compte. Il s'agit d'une littérature récente en pleine vigueur, poussant à pleine voix les notes fertiles du cru, romans et témoignages qui se déroulent plein cadre à Marseille, de bandes dessinées "massaliotes" depuis 1968, de journaux et feuilles de quartier, de textes de chansons des trente dernières années produites par des groupes connus (Quartiers Nord, IAM, Massilia Sound System...), qui ont fait sonner partout l'esprit et la verve de Marseille. Enfin, pour saisir au vol la création verbale, dans le temps réel de sa production, il ne fallait pas ignorer Internet, ce bruissant "Babel Web", prodigieux laboratoire qui tisse sa toile sur le monde entier. Des sites comme le "Pari de Marseille", ceux non officiels de l'OM, des groupes musicaux, des locuteurs "exilés" et

---

(3) Ce premier lexique a été enrichi de tous les termes attestés comme « marseillais » dans cinq dictionnaires depuis celui de Auguste Brun.

nostalgiques de leur ville, ceux qui se désignent humoristiquement comme "la diaspora de la tapenade !", ont été consultés et ont dialogué urbi et orbi avec les auteurs.

Comment, finalement, apprécier le caractère marseillais de ce dictionnaire, sachant qu'un nombre appréciable de mots retenus sont des provençalismes en usage hors Marseille ?

A côté d'un certain nombre de précautions données en annexe, c'est le point de vue des usagers qui a été privilégié plutôt que les seuls critères objectifs comme la fréquence des mots, leur dispersion géographique, dans le temps ou dans différents types de sources, orale et écrite. Ces usagers ne sont pas seulement les Marseillais de "souche", notion contestable en général et à Marseille en particulier. Ce sont les mots que nos interlocuteurs se représentent comme "marseillais", qu'ils ressentent comme tels, parce qu'ils traduisent une forme particulière d'expérience du monde (y compris d'expérience sociale), et c'est par exemple le vocabulaire du jeu de boules, de la pêche, du pastis. Ou encore, parce qu'ils sont des "synonymes" de mots du français standard dans des registres de connivence, de proximité communautaire : le "cabanon", ce n'est pas n'importe quelle résidence secondaire les "pieds dans l'eau", mais un mode de vie et de relations humaines singuliers. Enfin, parce qu'il s'agit de mots identitaires à travers lesquels les personnes définissent leurs particularités de Marseillais, la fortune du mot "aïoli" par exemple éclairant bien une telle valeur.

C'est, en définitive, l'usage vivant des mots de Marseille que l'on découvrira ici, et non le savoir a priori et académique des concepteurs, mais des termes très contemporains ou des significations nouvelles de mots anciens.

D.A. et J.M.

Précisions techniques

Le choix des entrées

* Parmi les termes reconnus et produits par les locuteurs dans les enquêtes orales ou seulement employés dans les textes, nous avons retenu :
– ceux que les dictionnaires contemporains de la langue (T.L.F, Grand Robert) et les dictionnaires spécialisés (argot, français parlé, français non conventionnel, français des cités, etc.) caractérisent comme régionalismes méridionaux, argot marseillais, archaïsmes du français encore en usage régional.
– ceux qui ne figurent pas dans ces mêmes dictionnaires.

* De fait apparaîtront dans ce dictionnaire, qui n'a pas prétention à l'exhaustivité, les termes dont nous avons pu apprécier la fréquence (avec un nombre significatif d'attestations) ; et répondant au moins à l'un des critères de diffusion (dans différents groupes sociaux) ; tranches d'âge ; ou en dehors des communautés d'origine ; ainsi que de dispersion (géographique dans les différents quartiers ou dans les deux types de source orale et écrite). Nous n'avons pas retenu les critères de persistance dans le temps, ce qui nous aurait conduit à éliminer les termes les plus contemporains, pas plus que celui de stabilité des significations des mots nouveaux.

* De ceci il résulte que les formes produites par un seul locuteur ou les créations "poétiques" qui n'ont pas trouvé un public réel ne figurent pas dans le dictionnaire : nous avons par exemple, intégré les seules inventions lexicales du groupe IAM dont nous pouvons attester qu'elles ont diffusé en dehors du groupe.

Notre approche intégrant la dimension sociolinguistique, nous n'avons pas éliminé systématiquement certains termes reconnus comme appartenant au français national dans les mêmes dictionnaires mais qui, dans les propos ou les textes de nos témoins, sont perçus comme marseillais, contribuent à la production d'une appartenance (sociale, culturelle, linguistique) marseillaise. Ainsi par exemple de "tchatcher", emprunté au français des "pieds-noirs" et fréquent dans le français commun mais que nos témoins emploient et se représentent comme marseillais.

* De nombreux mots retenus ont un usage régional attesté par des enquêtes ponctuelles auprès de locuteurs provençaux vivant hors Marseille. Le choix de les retenir tient aux raisons indiquées dans l'introduction, à savoir la valeur sociale de ces mots pour ceux qui les emploient.

Définitions et emplois

* Les entrées sont choisies en fonction de l'usage, suivant les critères de l'unicité ou du contexte. Leurs sources, orales et écrites, sont signalées par une abréviation (Or.) ou initiales majuscules pour les auteurs.

* Les définitions des mots ou expressions par synonymie ou paraphrase sont établies à partir des seuls usages repérés comme actuels.

* Les usages sont classés en fonction de la précision de la définition qu'ils permettent et de la qualité ou de l'intérêt (narratif, humoristique, etc.) de l'expression. La présence de l'* après un mot en usage signale que celui-ci bénéficie aussi d'une entrée dans le dictionnaire.

* Les commentaires qui accompagnent la matière éclairent l'usage, le mettent en perspective dans le contexte sociolinguistique actuel ou apportent une précision sur l'évolution sémantique. Ils sont précédés d'un code, que le lecteur pressé peut négliger et qui porte sur l'emploi, la fréquence ou le mode de formation.

* Pour ce qui est de l'emploi, une forme ou un usage seront considérés comme vieillis (code ▼) lorsqu'on ne les retrouve pas chez les jeunes locuteurs ou dans les textes littéraires, BD ou chansons depuis 1970 hors référence à un passé révolu.

* Pour la fréquence, nous opposons les formes "rares" (peu utilisées, code ❏) aux formes et usages "fréquents" (nombre important de locuteurs, diffusion dans différents canaux, oral ou écrit, code ●).

* Le mode de formation est apprécié suivant trois catégories que nous empruntons à Brun : un mot peut être une "survivance régionale" (en français commun le mot existe mais comme archaïsme, code ✷ : par exemple "gargamelle"), un "emprunt" (le plus fréquent étant l'emprunt au provençal, emprunt direct ou naturalisé, code ❖ : par exemple "péguer"), ou une "innovation" (le mot existe en français mais prend à Marseille un sens particulier ; il peut s'agir alors d'une création relevant de l'application d'un procédé linguistique, code ♦ par exemple "fly").

Annexes

Cette partie comprend :
* Une liste des collaborateurs et enquêteurs-sur-sites
* Une liste des sources écrites (dictionnaires, littérature, BD, chansons...)

RAPPEL DES CODES UTILISES
POUR LES ENTREES DU DICTIONNAIRE

▼ Terme ou usage vieilli

❏ Terme ou usage rare

● Terme ou usage fréquent

✳ Survivance régionale d'un terme disparu en français commun

❖ Emprunt direct ou naturalisé (provençal, italien, arabe, romani...)

◆ Innovation (mot français qui prend à Marseille un sens spécifique ; création par application d'un procédé linguistique)

Les auteurs cités entre parenthèses en abrégé pour les différents usages figurent dans la bibliographie en fin d'ouvrage. La notation (Or.) s'applique à un usage repéré à l'oral

* Mot cité dans le dictionnaire (cf. index)

Les définitions de mots sont entre guillemets anglais (" ") ; les citations sont entre guillemets français (« »)

A

A.A
❏ ◆ Abréviation "d'apéro anisé", communauté de jaunes* des différents partenaires industriels : Ricard, Casanis, 51..." et qui sonne comme un rire de comptoir : « En cure une semaine sans pastaga ? tè* mon gari*, je t'offre l'AA » (PdM) ; « Tu sais comme la pub du roquefort, d'abord, du roquefort d'accord, moi c'est l'AA j'en bois, l'AA ça m'va ! » (Or.)

Accident
❏ Nom masculin, issu du provençal (*accidènt* : "avoir des convulsions"), synonyme de "fausse-couche", mais qui résiste de moins en moins à l'influence du français commun où le terme figure en emploi spécialisé (accident de la route, du travail, etc.) : « La pôvre qu'elle en finit plus de compter ses accidents » (Or.).

Aco (Qu'es)
▼ ● ❖ Pour marquer l'étonnement, la demi-révolte, feindre l'incrédulité ou un vrai-faux intérêt, rien n'a encore détrôné cette expression empruntée directement au provençal et qui signifie "qu'est ce que c'est ?", qu'on employait souvent en proposant une énigme : « Le massage suédois, qu'es aco ? demandèrent les garçons ? » (COU). A la sortie d'un collège du

centre ville, l'expression reste encore bien utilisée pour marquer la surprise ironique : « Qu'es aco, c'te Ka, on dirait une tête de nègre ! » (Or.).

Mais elle se fait rare à l'usage, à l'oral comme à l'écrit, concurrencée par des formes bien françaises à peine méridionalisées : « Quès c'est ça ? » ou le déjà classique « Ô c'est Koua çà ? » qui triomphent depuis longtemps chez les plus jeunes.

Adieu

● ❖ Si le provençal *adessias*, presque complètement disparu, signifie "à bientôt", sa forme naturalisée *adieu* a essentiellement pour fonction de borner les échanges, soit comme marque d'entrée en relation, "et bonjour" ou de fin de conversation, "au revoir, à bientôt" – on ne distingue plus aujourd'hui *Adieu,* "bonjour" de *Sans adieu,* "au revoir". C'est pour tous et encore toujours la forme emblématique du salut marseillais : « Pour se saluer, on dit simplement : adieu ! » (Mss). Pour celui qui rentre au pays par la mer (ou retourne au quartier), c'est tout naturellement qu'il dira comme le titre d'un album de Léo Loden, notre "privé" marseillais : « Adieu ma Joliette ! » (C&A).

Affaire

● ◆ L'expression **en affaire**, exporté des Puces et autres boutiques de Belsunce apparaît, dans le vocabulaire des jeunes, comme un euphémisme désignant une "marchandise volée" : « Le rodéo avec une caisse en affaire, c'est sans moi ! » (Or.).

Agachon

❏ ❖ Ce vieux terme provençal, *agachoun*, "poste de chasse fait d'une cabane de branchages" était tout destiné à disparaître dans la Marseille moderne qui laisse peu de place à l'architecture pré-urbanistique ! Pourtant, ce nom masculin connaît un regain de vitalité, en particulier chez les jeunes, au prix d'une adaptation du sens, par exemple aux modernes formes du jeu du « Gendarme et du Voleur » : « Y va nous faire repérer, l'autre con, à faire l'agachon juste en face du vigile ! » (Or.). Le terme exprime bien l'état de vigilance, d'éveil, du guetteur marseillais prompt à réagir à tout ce qui pourrait être une agression contre le FDM*. Posté, à l'affût, mais zen : « Quant au chasseur sous-marin qui ne craint que les murènes, il reste cool et serein attendant que sa proie vienne, il est à l'agachon » (Mss). On trouve même des "paparazzi" nostalgiques de l'intimité de la ville star pour faire bonne presse au mot : « L'AGACHON (le journal qui chasse le détail quotidien croustillant). Allez l'OM, vive la pizza et les calanques ! » (Journal édité par des Marseillais exilés à Paris, appel à contribution dans le PdM).

Aganter (aguinter)

● ❖ Le provençal *aganto*, naturalisé français dans une orthographe par ailleurs variable selon la prononciation, est tout sauf un verbe vieilli. Bien des réalités peuvent ainsi être "attrapées", "coincées", "serrées" : « Cette andouille, il s'est fait aganter par les condés » (BOU). Sur le plan footballistique, ce n'est pas seulement le ballon que le gardien doit "attraper" pour avoir les honneurs du Virage Sud. Le sélectionneur doit aussi faire preuve d'esprit d'entreprise : « Gili, il a le flair pour aganter les maximum buteurs à l'OM » (Or.). La sieste peut être l'occasion... justement de ne rien "coincer" d'autre que le temps qui passe : « C'est le bon coin pour t'aganter la bulle solo » (Or.). Sur le mode de la supplique de l'homme pressé par le besoin, on reconnaîtra l'expression que tout Marseillais se doit de présenter en hommage, à défaut de ses attributs : « Agante-moi les alibòfis* ». **Aguinter** intègre en les confondant la forme provençale et le terme *guinter*, qui dans le parler des jeunes, a le même sens que le précédent : « Quand les condés m'ont aguinté, le commissaire m'a fait cracher » (QN). Le verbe plus récemment mais aussi plus rarement a pris le sens de "se disputer", "en venir aux mains" : « Parole, je me suis aganté acque* lui que j'allais le fumer, presque » (Or.).

Ail Teque (tech)

❑ ◆ Quand les Marseillais font leur beurre dans les "technologies de pointe", que les anglomaniaques nomment "high tech", c'est toujours la même cuisine et en mettant le monde au parfum : « Moi j'suis Ail têquô à mort et du sol au plafond, con ! » (Or.) ; « Ingénieur ail tech exilé dans quèque part sur la planète grisaille cherche boulot au cagnard*» (PdM).

Aïoli

● ❖ Au sens propre, le nom dont le genre (masculin ou féminin) fait l'objet d'une discussion homérique dans le film *Marius et Jeannette* (1997) désigne une nourriture aromatique et stimulante, caractéristique de la cuisine provençale, un coulis d'ail à l'huile d'olive ou bien un plat à base de morue, de légumes et accompagné d'une sauce aïoli : « Parfois, pourtant, le soleil, lassé de voir Marseille si austère, la darde d'éclats jaunes dont elle daigne teinter son pastis et son aïoli » (Vé). C'est le plat de l'excès, goûté dans tous les milieux sociaux : « Ce midi, avé* les collègues*, on va se casser le ventre à l'aïoli au Bar des Pêcheurs ». Mot provençal, naturalisé marseillais, il s'est enrichi récemment de sens nouveaux. Aujourd'hui, l'aïoli sort de la cuisine et devient élixir universel. Dans la cosmopolite cité phocéenne, il est le synonyme par excellence de mélange. Il symbolise le métissage, plus particulièrement des genres littéraires ou musicaux : « La recette que César explique à son garçon, j'en fait un aïoli qui met la vibration » (JC).

Essence vitale, le plat est emblème identitaire régional, comme déjà à la fin du XIXe siècle : « Cette Société de l'aïoli avait pour but de faire manger à l'ail une fois par mois tous les méridionaux résidant à Paris, histoire de ne pas perdre le fumet ni l'accent de la Patrie » (Daudet).

❑ ◆ Lorsque Marseille devient ville mythique, Sunset Marseille, œuf du monde dans les phantasmes de ses habitants, c'est **aïollywood**, titre en forme de mot-valise du dernier album du groupe de reggae et raggamuffin Massilia Sound System : « Aïollywood, c'est ce que tu voudrais que soit Marseille dans tes rêves, c'est ta mythologie de la ville, ta cosmogonie » (Mss).

◆ Les expressions tutélaires **Aïoli, Aïoli sur toi !, Grand (ou bon) aïoli sur toi !** ou plus récemment **Aïoli Power** qui marquent l'entrée ou la fin de conversation, à la fois forme de salut et souhait de bonne chance, vont jusqu'à incarner une sorte de manne marseillaise, vitale et communautaire : « Grand aïoli sur tous les poètes locaux d'ici ou d'ailleurs, car tu le sais Raggamuffin local est international... comme toujours Massilia arrive et monte l'aïoli » (Mss) ; « Frais-Vallon. Des HLM, pas d'horizon. – Aïoli ! cria l'un d'eux » (IZZ).

◆ Processus primal, **l'aïolisation** vise au retour à l'origine, à la reconstitution de l'œuf primitif : « Je cherche une femme pas trop belle mais pas laide pour aïolisation primaire » (Or.).

◆ Le Marseillais **aïoli** ou **aïolisé** (adjectif ou participe passé) est exalté, excité, en transes. Incontrôlable, en somme : « Ties aïoli de longue*, ma parole, quand tu vois une fille, on te tient plus ! (Or.) » Le vaudou de l'aïoli envoûte et chamanise ceux qui se soumettent à son influence : « Je cherche une recette sacrée pour être aïolisé en permanence » (Vé).

◆ Grâce à sa sonorité propre (son accent tonique), "aïoli" s'est incorporé à la matière musicale, où on le trouve comme synonyme d'ambiance, vibration. Quand on donne de la puissance, **l'aïoli monte** et la fête explose.

En se politisant, l'expression "monter l'aïoli" peut traduire l'atmosphère de fête libertaire et l'excitation des sens qui s'en dégage : « Pour prendre la mairie, supprime les képis, légalise la sensi, fais monter l'aïoli » (Mss).

L'expression **pédaler dans l'aïoli** a le même sens que ses équivalents culinaires nationaux et familiers : "pédaler dans la choucroute, la mélasse, le yaourt..." : « Tous ces moutons qui rêvent d'être caniches, ils pédalent dans l'aïoli » (Or.).

❏ ◆ **Yéba ? Aïoli !**, expression synonyme de "en avant !" est un cri de paix, un code de ralliement identitaire pour les générations reggae des années 70, une invitation à bouléguer*, créée par Jo Corbeau : « Verse dans un mortier en vrai bois d'olivier/Un très grand tiers de Rock un grand tiers de reggae/Un très grand tiers d'humour et un grand tiers de joie/Compte bien quatre tiers et pilone avec foi/Yéba Aïoli ! Yéba Aïoli ! » (J.C) (Voir Yéba*).

Air

❏ Employé dans l'expression **donner d'air à** qui signifie "ressembler à", d'origine méridionale, mais que l'on retrouve dans d'autres emplois régionaux (franco-provençal) : « Quand il rit, il donne d'air à son père » (Or.). L'usage de l'expression **avoir un air entre deux airs** pour "être bizarre" est aujourd'hui marginal : « K'èse sé, ton air entre deux airs, tu fréquentes ? » (Or.).

Alibòfis

● ❖ La vogue de ce nom toujours au pluriel désignant les "testicules" (synonyme **mastégons**), aussi sonore qu'imagé (prononcer "âlibòfi"), né d'une comparaison possible avec le fruit de l'aliboufier « dont on retire par incision, une résine odoriférante », a traversé les générations sans perdre sa vigueur. Appliquant une figure de style doublement adaptée, où la "partie", figure le tout, l'organe susvisé peut devenir visage et personnage : « T'i es le vrai alibofi de vrai ! » (Or.). Dès lors, il peut parader en carton pâte dans les rues derrière la feuille de vigne d'un char de carnaval baptisé de ce nom et grimper au panthéon des nouveaux cartographes urbains, saisis par le fantasme : « Ils ont une boutique, rue des Alibòfis, mais té*, moi je ne t'ai rien dit ! » (SAV).

Alors-alors

● ◆ Dans cette expression le redoublement dubitatif de l'adverbe marque clairement le scepticisme face à un propos entendu, que l'on pourrait paraphraser en "mon œil !" ou "cause toujours, tu m'intéresses" : « Zidane pas sélectionné ? alors-alors ! » (Or.)

Américanades

❑ ◆ Nom féminin pluriel, formé sur le classique "couillonnade" qui estampille de stupidité "tout ce qui vient d'Amérique" : « Finies les américanades/Fini ! Ça y est, on en a marre » (QN).

An pèbre

❑ ❖ Du provençal "an/poivre", ce terme apparu au milieu du XIXe siècle et qui aurait une curieuse origine (BOU) désigne un passé révolu, hors d'âge : « Boudiou ! Alors vous l'avez pas vu depuis l'an pèbre ! Quand je suis né il habitait déjà là ! » (COU) ; ou bien un futur lointain, très improbable, autant dire "jamais" : « A l'an pèbre qui vont remonter en division I ! » (Or.). Le mot "poivre" et ses dérivés ont une forte coloration péjorative dans la langue, sauf dans les cas où ils expriment le "piquant", le "piment" d'une chose. Le Marseillais y ajoute une pointe de nostalgie pour la chose passée, et de pessimisme pour le futur dont la réalisation semble très aléatoire.

Anchoïade

● ❖ Les recettes de ce "plat à base d'anchois et sauce à l'anchois" sont si nombreuses, dit un lexicographe, qu'il ne faut pas les divulguer sous peine de déclencher une guerre civile entre les amateurs !

Emblématique de la cuisine provençale, il suffit à rendre heureux les braves Marseillais : « En fait de casse-croûte, Fonfon avait préparé une anchoïade qu'il sortait juste du four. Je revenais de la pêche, heureux. J'avais ramené un beau loup, quatre daurades et une dizaine de mulets. L'anchoïade ajouta à mon bonheur. J'ai toujours eu le bonheur simple » (IZZ). Pourtant, quand ce sont les significations liées au mélange, à l'entassement, qui l'emportent dans l'usage de ce nom commun, l'*anchoïade* peut désigner une cohue qui n'a plus rien de culinaire : « O la con d'anchoïade samedi soir à la *dance !* » (Or).

Anchois

● ❖ Ce vieux terme provençal *anchoia* désigne un "petit poisson de mer comestible et commun aux pays de la Méditerranée, souvent conservé dans l'huile ou la saumure". Sa petitesse, son insignifiance, comme celle du gobi*, le destinent à toutes sortes de plaisanteries moqueuses et d'images dépréciatives. Pagnol l'a rendu célèbre en l'associant dans *le Schpountz* aux lointains Tropiques, filiation reprise et "humanisée" par les jeunes générations : « Vé sa tête d'anchois des Tropiques ! » (Or.).

On trouve plus couramment l'expression **face d'anchois :** « La BM, je l'aurais préférée noire, ça marque mieux, mais enfin, on n'a pas toujours ce qu'on veut dans la vie. Pas vrai, face d'anchois ? » (BLA). Si l'avenir du petit poisson comprimé dans sa boîte n'est pas rose, il nage encore sur des océans de calembours : « Docteur Fanafood est l'ange/Oliver même, le ravi olive de/La tribu des chiens du Cours/Julien, il aboie comme un/Fada fou sur les murs gris/De la cité/C'est un anchois vivant » (Vé).

● ◆ **Avoir les yeux bordés d'anchois**, c'est "avoir les yeux marqués par la fatigue" ou "outrageusement fardés pour masquer son âge", la couleur rouge foncé évoquant les cernes : « Alloufle le lunetier va encore faire du chiffre avec son nouveau modèle de lunettes noires spécial lendemain de grisou sur le dos de cette pôvre Simone badigeonnée qu'on dirait qu'elle a mis des filets d'anchois séchés sur ce qui lui reste d'yeux pochés » (SAR).

Aouf

❏ ❖ Emprunt à l'arabe, synonyme de "c'est gratuit" : « Chez Contine (magasin Continent), tous les shoes, Nike, Stan Smith, même Fila, y sont aouf, juste de la caillasse j'avais, je suis parti avec » (Or.).

Aque (ake, avèque, avé, akou)

● ◆ Version dure ou douce de "avec" à la marseillaise, cette préposition est très utilisée dans la cuisine du langage : « Aque ça, le monsieur, y veut rien d'autre ? » (Or.). La diversité des orthographes reflète la palette des prononciations marseillaises. Classique : « Té*, mais c'est le gros Mickaël avé son torpilleur » (BRO) ; historique en fait, puisque déjà celle de la chanson marseillaise des années 1930 : « Sur la Canebière, nos gangsters sont de bons enfants, ils n'occissent qu'au pastis et avé l'asssent » (SAV). Ou prononciation plus récente, d'un baroque qui fait exploser tous les sons : « Aloreu, ake touteussé chaleure ! » (VAL).

Arapède

● ❖ Nom commun féminin d'origine provençale pour un « petit mollusque comestible soudé aux rochers » (en français, « patelle »). Son peu de valeur sur le marché et son tempérament particulièrement adhésif rendent le substantif apte à désigner péjorativement une personne qui s'accroche, un "pot de colle" : « Ben, c'est pas vrai ! Il va nous coller au train comme une arapède, çui-là ? » (MOR). Comme son modèle aquatique qui vit en colonie, l'arapède a tendance à se regrouper, d'où la fréquence du nom au pluriel : « Les rares autobus de la régie des transports encore en état de marche, tagués des roues au toit, se faufilent dans les encombrements, chargés de passagers payants qui étouffent à l'intérieur et de resquilleurs* acrobates, accrochés comme des arapèdes à l'extérieur » (CAR). On entend aussi plus rarement l'équivalent **sac à dos :** « C'est pas une femme qu'il a, c'est un sac à dos ! » (Or.).

Arrach (à l')

❑ ◆ Abrègement de "à l'arraché", l'expression garde du "vol" du même nom l'idée de vitesse, pour désigner plus largement une chose « faite dans la précipitation » ("vite et mal fait", Or.) : « Deux bières à l'arrach et on se met les bouts » (Or.).

Arracher

❑ ◆ Le verbe signifie "mentir" avec une nuance de frime : « Un 32*, c'est quelqu'un qui arrache, une roulade*, un mito* » (PdM). Le souvenir des douleurs subies chez le dentiste, « menteur comme un arracheur de dents » est-il encore assez cuisant pour expliquer cette extension de sens ?

Avion

❑ ◆ L'expression **se prendre pour un avion**, avec le sens de "s'en croire" trouve son origine dans l'association d'idées entre le transport aérien et la conduite "planante" d'une personne qui désigne en français non conventionnel le fait "d'être loin des réalités" parfois sous l'effet d'une drogue douce, voire "totalement à la dérive" : « Ce mec de la commission, il se prend vraiment pour un avion. Un jour c'est Euroméditerranée, un jour le Centre Ville, un jour le TGV, il nous la joue complet ! » (Or.).

Aza (asa)

❏ ◆ Ce mot, substantif ou adjectif très récent, qui présente le mérite de se lire de manière identique à l'endroit comme à l'envers, désigne une chose ou une personne "de mauvais goût", "ringarde" : « C'te table décorée avec les coquillages, elle est aza ! » (Or.). Il a une forte résonance dans la bouche des jeunes, désignant quelque chose de désespérément inesthétique, d'insupportable : « Désormais, on se retrouvera tous les mois pour casser du asa et prendre de bonnes vibrations. Ça faisait longtemps, bordel, qu'on attendait l'ouverture d'une boîte où le Chélou pourrait venir s'éclater sur de la bonne musique, sans mauvaises vibrations, ni asas » (Vé).

B

Ba

❑ ❖ Le provençal **bacèu** ne s'entend plus guère pour un "baiser". Il n'en va pas de même de sa réduction syllabique, employée aussi dans la langue de Mistral et par les Corses de Marseille : « Fais-moi un ba que je t'ai langui » (Or), (synonyme : "bi").

Babi

▼ ❑ ◆ Ce nom désignant un "immigré italien de la première génération" remonterait à la vague nationale d'hostilité lancée contre la communauté italienne, après l'assassinat du président de la République Sadi Carnot par l'anarchiste italien Caserio (1894). De son origine provençale – il désigne un "crapaud", mais il est aussi un terme de mépris ("babouin", "niais" mais aussi "babil", "baragouin", enfant ou barbare, en somme) –, il a longtemps conservé un sens péjoratif en littérature ou au cinéma. Comme d'autres dénominations dépréciatives des Italiens (les *nabos* napolitains et les *sanjanenques* du Quartier Saint-Jean), il a disparu aujourd'hui du vocabulaire courant, il reste en usage dans les textes mettant en scène le Marseille historique, parfois lavé de son acception désobligeante, par nostalgie d'une convivialité défunte : « Le soir, Nabos et Babis, se retrouvaient dans la rue. On tirait la chaise devant la porte. On se parlait par la fenêtre. Comme en Italie. La belle vie quoi ! » (IZZ).

Baboulin

❑ ◆ Ce mot masculin synonyme de "cigarette de haschisch" est d'origine très incertaine (baba : hippie décalé ou babouin : pourvu de grosses lèvres), il est en vogue dans les milieux de la musique des jeunes : « Boulibaï*, fache* de putain, tu peux fumer ton baboulin et danser tranquille sans t'occuper de rien » (Mss).

Baby

● ◆ D'origine anglaise, ce nom masculin singulier est une abréviation de "baby-foot" : "sport" de bistro pratiqué dans l'Hexagone et hautement socialisé à Marseille ; il est comme le pendant ludique microscopique du Grand Stade où s'exhibe l'O.M. : « Fonfon, au Vallon des Auffes, ça marchait bien avec les femmes... Après, il les finissait au Son des guitares, place de l'Opéra. Baby and baby. La totale » (IZZ) ; « Taille quelquefois le baby pour aller en cours » (réplique de conseil de classe !). Bien entendu, prononcez bàby !

Baby

● ◆ Par rapprochement volontairement prolétarisé avec le guindé "whisky baby", ce nom masculin est synonyme de "pastis ordinaire", sans nuance de mini-dose : « De Menpenti à la Pomme, en passant par la Capelette, j'aime user les semelles de mes baskets. Mais fada sur l'île où je suis, pas un 51, pas un baby, ni un 421. Nous on a la Canebière, eux n'ont que la bière » (PdM).

Bacala (baccala)

❑ ❖ Du provençal *bacalau* (morue), nom et adjectif masculin qui désigne par analogie une personne "maigre et plate", souvent par insuffisance de nourriture ou à la suite d'un régime pour satisfaire à la mode : « Qué figure de bacala tu as, ma fille. Faut pas écouter les régimes des journaux comme ça ! » (Or.).

Bâcher (se)

❑ ◆ Le sens familier du verbe qui est "se couvrir" a évolué en "s'entortiller", "se tromper" : « Et ça va, je me suis bâché dans les questions, mais le prof y nous serre trop les notes quand même ! » (Or.). En sens voisin : se "faire prendre" : « N'hésitez pas à me contacter, j'ai des bons plans pour éviter de se bâcher dans les pièges à touristes de la capitale » (PdM). Plus rarement, le mot prend le sens "d'avoir un accident" : « Bissur qui finirait par se bâcher à la vitesse où i roule ! » (Or.).

Bada

❑ ❖ Ce nom masculin emprunté au vocabulaire du négoce désigne le "supplément de marchandise" que le commerçant accepte de donner gracieusement, d'où l'expression **faire (donner) le bada :** « Je peux prendre ce carton, en prime ? Vous me le faites à… ? Rien. Le bada. Vous êtes trop bon de ne pas avoir marchandé le tableau tout à l'heure » (MER) ; « J'appelle ma mère qui lui dit : hé bé ! si on m'avait dit ça de vous ! Une institutrice ! Et une cliente que je vous fais toujours le bada ! (BOU). Passé dans la vie domestique, le terme est synonyme de "reste" : « Allez zou ! donne-moi le bada que je finisse ce plat » ; « Donnez-moi un bada de gâteau » (Or.).

Bader

● ❖ En Provence et à Marseille le geste simple de "bailler" (*badar*) a vite évolué en "rester bouche bée, regarder d'un air ahuri en gardant la bouche ouverte" (cf. le standard "badaud") : « Eh bé, si tu bades comme ça, tu es pas rendue ! » (MOR) ; « Le brun, c'est Caleca.

C'est une ronce. Seulement, les jeunes d'en haut, ils les badent » (MER). Le verbe a perdu peu à peu sa vigueur péjorative, "admirer bêtement", puisqu'il traduit fréquemment un mouvement de contemplation affective : « Elle le bade de trop son petit, qui s'engraine » (Or.). Le mot peut prendre une nuance d'envie, "désirer fortement" : « Allez viens, des heures que tu te la bades, la Ferrari, tias des sous, non, alors ? » (Or.).

Balarguer

❏ ❖ Verbe issu du provençal et construit à partir du terme de marine "larguer" (lâcher). Au sens fort d'"envoyer", il induit une idée de vitesse et de violence verbale ou gestuelle, s'apparentant dans certains contextes d'usage à l'argotique "balance la purée" : « Allez, crache ton venin, vas-y balargue ! » (Or). Il est fortement ancré dans la tradition orale où on l'entend fréquemment, avec accentuation sur la première syllabe. Dans une forme plus rare, atténuée et ralentie, *balarguer* est synonyme de "toucher" : « Oui je suis toujours là/Dans ma petite niche en bois/A balarguer mes mains sales/Sur ta jolie carte postale » (Mss).

Balayures

❏ ◆ Alors que le français standard emploie le mot strictement pour "ce qui est balayé", à Marseille, ce nom féminin pluriel désigne les "ordures", des "déchets sales et sordides" : « Pouvez pas lever vos balayures devant l'entrée, les jeunes, qu'avec ça vous allez attirer toutes les mouettes d'Entressen ? » (Or.). Mais rien n'empêche que ce terme, par retournement ironique, puisse être pris en bonne part pour souligner le caractère décalé et "pagaille" de Marseille : « Ville BB, de bordilles* en balayures, c'est comme ça qu'on t'aime » (PdM).

Balès (balaize, balèze)

● ❖ Nom et adjectif issu du provençal *bales* qui associe "grosseur" et "grotesque" dans sa signification. Le sens marseillais passé en argot national a une coloration positive, évoquant parfois un "costaud méchant", le plus souvent une personne "bien bâtie", mais plus du tout un "maître d'école" : « Ake* la muscul, tu deviens balès façon bonhomme Michelin » (Or.) ; « Un grand balèze vient à notre rencontre, un magnifique sourire en acier en travers de la gueule » (CAR). A Marseille, le mot a pris une extension particulière, s'appliquant aux choses et pas seulement aux personnes. Il connaît différentes orthographes témoin de son succès. Aux ennuis "de taille", on opposera les situations ou états qui allient "finesse", "subtilité" et "puissance" : « Ils sont allés fort les taggers (…) Le plus fort c'est un grand qui fait « Say Mars, Say yeath », un truc sur Mars en anglais… C'est balèze, on m'a expliqué… Si tu lis d'un coup, ça fait « c'est marseillais »… il y a même des taggers qui ont de l'humour » (CAR).

Balèti (balletti)

❏ ❖ Nom masculin désignant à la fois le "bal" et "le lieu du bal" : « A quatorze ans, ton père est entré dans la savonnerie, il me donnait la paye, mais il se faisait une cache-maille le dimanche en servant la limonade dans les balletis à Mourepiane et Montolivet » (CAU). Hier on allait "en boîte", aujourd'hui en "rave" mais tout ça, ça reste toujours chez nous *balèti* : « Ma femme vient me chercher dans son plus beau sari, mon viech*! j'avais oublié, ce soir c'est balèti » (Mss). La preuve, quand Raga et Muffin "soundsystèment", c'est "Ragga Balèti" sur un rythme de rock reggae : « Pour tomber les petites, pour jouer les galants, au Ragga Balèti y'a pas d'arrangement » (Mss).

Balin-balan (balant)

❏ ❖ Expression pendulaire aux significations variées mais toujours métronomiques. Le *balan* provençal à l'origine du mot indique le mouvement d'un poids, une secousse. L'expression nominale mime l'idée de "bercer", de "balancer d'un côté et d'autre" : « Si mémé elle lui fait un balin-balan, tu vas voir comme qu'elle va s'endormir, ta petite » (Or.). Elle est aussi utilisée pour signifier un mouvement incertain qui tient du "cahin-caha", du "clopin-clopant" voire du "ni oui ni non" : « Balin-balant, balin-balant, Tatou se fait abans e se n'en vait tirant » (Mss).

Baller

❏ ❖ Verbe autrefois d'usage courant, aux nombreuses parentés méditerranéennes : « Longtemps, les Marseillais ont employé le mot baller pour danser. Il s'agit d'un terme d'origine latine transformé en provençal en bala et en espagnol en bailar » (BAZ). Quand les mères marseillaises, gardiennes des vertus du foyer, s'opposent au désir des filles, la tragédie guette. C'est notre West Side Story des Aygalades, la road-story de *La Zize et la Malagutti* : « Aux Aygalades balèti est donné/La belle zize voudrait bien y aller/Non, non, Zizolha tu n'iras pas baller/Non, non Zizolha tu n'iras pas guincher » (Folklore càcou, sur l'air du *Pont de Nantes*).

Banane (jus de)

❏ ◆ Sur les quais du Vieux-Port, cette expression nominale désigne parfois le "pastis" par le trait de couleur et la promesse d'une dérive (tropicale) : « Avec ce que j'ai descendu, l'alcootest il va virer au jus de banane ! » (Or.)

Banaste

❑ ❖ A l'origine, ce nom féminin fait référence à une "grande corbeille d'osier munie d'une anse à chaque extrémité" en usage domestique comme à la pêche, associé au cabas, panier plat contenant les lignes de pêche pour éviter qu'elles ne s'emmêlent. Il a suivi les simplifications des arts de la table pour ne plus désigner qu'un "panier rond", une "corbeille". Au figuré, c'est la forme et le fond, le trait de "rondeur" et "l'usage professionnel" qui rendent compte des emplois du mot : « Elle a le cul comme une banaste, c'est bon pour la pêche ! » (Or.) Avec le crâne vide de l'imbécile (on consultera utilement la longue série de termes marseillais désignant cette précieuse catégorie d'individus, comme taïsé-té, banaste), ce panier local partage la forme ovoïde renfermant le vide parfait : « Je reviens vers le z'élu* : il dort poings fermés. Quelle banaste ! » (CAR) ; « Qu'est-ce que tu veux, je suis tellement banaste que je me suis pensé : elle a juré sur la croix, alors...» (BOU).

Encore en vigueur dans le monde de la pétanque, l'expression **avoir le cul comme une banaste** désigne le joueur chanceux qui prend l'avantage sur un coup en apparence maladroit.

Baou-baou

❑ ❖ L'expression verbale **faire (le) baou-baou** a le sens de "se pavaner". Qu'on la fasse dériver de l'imitation de l'aboiement du chien ou du terme provençal désignant un promontoire (BOU), l'expression verbale avec son redoublement sonore, dénonce la suffisance du comportement et de la démarche d'une personne : « Arrête de faire le baou-baou, personne te regarde plus ! » (Or.). Ne pas confondre avec *babàou*, dans l'expression **à la babàou** qui signifie "négligemment", "sans goût" (cf. travailler à la babàou).

Barjaquer

● ❖ Des significations du provençal *barjaca*, certaines ont aujourd'hui disparu comme "jaser" ou "babiller". Mais le verbe qui sert à désigner certaines façons de parler, a conservé d'origine ses connotations péjoratives. Il n'est jamais l'exact synonyme du français "parler" et porte l'idée de "parler sans cesse, dans un quasi monologue" : « Allez, j'arrête de barjaquer, que les enfants ont pas à manger ce soir » (Or.) Toujours péjorativement, il est à rapporter à une parole incompréhensible, un charabia en quelque sorte : « Je comprends rien à ce qu'il barjaque à chaque fois, Rocard » (Or.).

Barquasse (barcasse)

❏ ◆ Produit de l'ajout du suffixe péjoratif "-asse" au mot "barque" désignant l'embarcation robuste et stable caractéristique de l'artisan pêcheur marseillais, ce nom féminin induit une représentation dévaluatrice de l'objet flottant : « Y vaut mieux sortir avec ma barcasse pourrie, comme tu dis, qu'avec ton zinzin gonflable ! » (Or.) Plus rarement, cette nuance sceptique et moqueuse sur les capacités de l'esquif motorisé disparaît, le nom féminin ajoutant un trait d'exotisme à la très fonctionnelle barque de pêche : « Comme le soleil du matin lorsqu'il glissait sur les barcasses qui sortent du port entre Saint-Jean et Saint-Nicolas » (CAU).

C'est en tout cas cette valeur péjorative qui explique le déplacement du terme de la machine à l'homme, le nom désignant une personne sur laquelle on ne peut pas compter : « Qué barcasse, à me donner une heure et pour me faire attendre ! « (Or.).

Bartavelle

❏ ❖ Les sens propre et figurés du terme sont également présents dans le provençal *bartavello* qui désigne la perdrix rouge et *bartavela* qui marque le fait de fermer une porte au loquet mais aussi de bavarder, de parler beaucoup voire de déraisonner. Si aucun oiseau du genre, ainsi nommé selon Mistral « à cause de son chant qui ressemble au bruit d'un loquet » ne se risquera plus sans volonté kamikase au survol de la cité phocéenne, son équivalent humanoïde se rencontre encore très souvent dans le réservoir inépuisable des causeurs marseillais : « Et je te cause à gauche et je te cause à droite, la grosse bartavelle qu'elle est » (Or.)

Formé à partir du nom féminin, le verbe **bartavéler** s'applique à l'activité des bavards impénitents et impétueux, qui n'ont souvent que "de la langue" : « C'est que mon Joseph, pour bartavéler, il sait faire... mais porter, c'est autre chose ! Mais qu'est-ce que vous voulez, ça le rend tellement heureux ! » (MOR).

Bascour

❏ ◆ Forme créole pour ce nom féminin, dont la signification première éclaire son usage local chez les jeunes. Si la volaille et particulièrement les poulets la peuple de nos jours, on se souviendra aussi qu'en ancien français, la *Basse-cour* désignait la cour de dégagement où se trouvaient les écuries et les dépendances, autrement dit un espace frappé de quelque indignité. Par analogie de composition, désigne un "commissariat" : « Trois heures en bascour j'ai glandé avant que ma mère, elle vienne me récupérer avec ma sœur » (Or.).

Basilic (instinct)

❏ ◆ Le coup de génie du parolier marseillais qui a su associer les atouts de sa culture cinématographique (*Basic instinct*) et les vertus odoriférantes du basilic méditerranéen, doit être signalé. Le mélange entre un film "torride" et un condiment aphrodisiaque ne peut que donner des ailes à l'"aria marseillais" que cette expression désigne, à son implantation locale qu'elle authentifie, au processus identitaire qu'elle fonde, selon une démarche linguistique comparable à celle d'Aïollywood*. Où l'on observe qu'ici il est des parfums alchimiques qui sont capables de tout transmuter en 100% pur -Marseille : « L'instinct basilic de Marseille résonne de Saint-Victor à la Major » (PdM).

Bastide

● ❖ Si en Périgord la *bastide* est une ville fortifiée, en Provence et à Marseille, ce nom féminin désigne une maison de campagne, une propriété de belle allure, construite au XVIIIe ou XIXe siècle par de riches citadins : « Les bastides sont la passion dominante des Marseillais ; c'est pour cela qu'il n'y a pas de spectacle le samedi : ce jour-là, dès que la Bourse est finie, chacun s'enfuit à sa bastide, et ceux qui n'en ont pas, chez des amis » (Stendhal). Survivant aujourd'hui à titre de vestige, constamment amenuisée, rognée, la *bastide*, devenue *bastidon* a cédé ensuite la place aux "villas" ou aux résidences secondaires de moindre ambition qui grignotent à la proximité des grandes villes les espaces verts disponibles. Elle est un souvenir qui passe dans la mémoire fertile des Marseillais. A noter que *cabanon** n'a pas toujours désigné la version populaire de l'habitat occasionnel qu'on a voulu opposer à l'aristocratique bastide.

Bastonner

● ◆ Ce verbe qui a ses lettres de noblesse en argot national, connaît une extension particulière à Marseille. Il ne caractérisera pas seulement la *baston** entre personnes mais une situation ou un événement qui "frappent" par un caractère d'imprévu ou d'outrance : « A Cassis, l'été, même la vanille-pistache, elle bastonne ! » (Or.). On rencontrera tout aussi fréquemment une autre signification, "réussir avec éclat" : « A l'interro de maths, j'ai bastonné ! » (Or.).

Bati-bati

▼ ❏ ❖ Onomatopée dont la structure sonore fondée sur la répétition du verbe "battre" en provençal au présent (*bati*, je bats) suggère l'idée de palpitation, de "tremblement de terre très doux" : « Subitement, une voix flamba l'intérieur de l'auto. Mira tressaillit. C'était elle ! Celle qui la prenait aux tripes ! Celle qui lui vrillait le cœur ! Celle qui lui donnait le bati-bati (...) : Edith Piaf » (COU).

Bazarette

● ❖ Elle est l'incarnation du flux verbal marseillais : « Ah les bazarettes ! c'est la musique de Marseille » (MOR). Le nom féminin (du provençal *bazaretto*, bavarde, commère) désigne une personne au verbe intarissable, qui saoule de mots son entourage (au sens familier de "pomper l'air") : « Laisse respirer le petit, Mireille, c'est pas une bazarette comme toi » (CAU). Redoutable cancanière, souvent "langue de vipère", elle doit inspirer la méfiance de ses confidents : « Qué bazarette, un secret elle le garde aussi peu que sa robe sur elle ! » (Or.). Formé sur le nom et plus rare d'emploi, on rencontre le verbe **bazaretter :** « Et puis un jour, pendant que ma mère prenait le frais devant la porte à Saint-Loup en bazarettant comme d'habitude avec des voisines, qu'est ce qu'elle voit pas arriver dans un superbe landau ? » (BOU).

Beau/belle

● ❖ A Marseille, l'exclamation « mon beau ! », « ma belle ! » ne traduit pas particulièrement une extase esthétique ; il s'agit d'une apostrophe issue du provençal (*moun beù*) qui recouvre toutes les nuances du contact, de la familiarité affectueuse (« Oh mon beau, comment tu pousses trop vite ! » (Or.), à l'invite racoleuse (« Té*, ma belle, pour toi, c'est cadeau, le blanc aujourd'hui. Tu le prends, tu le payes et tu te casses le mettre sur ton lit ! » (Or.). L'adjectif est d'usage peu fréquent chez les adolescents qui lui préfèrent d'autres apostrophes amicales, comme bouffon, gland ou autre djobi*, de même que l'expression **l'avoir belle** (provençal *l'avo bello*) pour "se la couler douce", "avoir une belle vie".

Bèbe

▼ ❏ ❖ L'expression verbale **faire la (le) bèbe** est employée au sens de "faire la gueule", "bouder". Née d'une position des lèvres particulière lorsqu'on est mécontent (traduisant une attitude typiquement enfantine à laquelle on peut rattacher le mot bébé), cette expression très réaliste, quasi onomatopéique, que l'on prend plaisir à prononcer avec une forte labialisation, caractérise de nombreux mouvements d'humeur désenchantée : « En voilà des façons ? Fais le bèbe, va ! au moinsse, je t'ai sauvé la vie. » (MOR).

On rencontre plus rarement, comme synonyme du précédent, l'expression **faire la (le) mourre** pour "faire la tête". D'un ancien mot provençal désignant le museau d'un animal et facilement transposable à l'homme, l'expression dévalorise sans gravité son auteur : « L'Ultra, il se comporte pas comme un supporter classique, il réagit. Il chante, il fait jamais la mourre » (Or.).

Bébéc

❏ ❖ On entendait dans les années 70, l'insulte de premier rang « nardin [maudit] bébéc ! » et plus récemment « Nique a bébék », « bébéc » étant la forme dialectale de l'arabe *beyac*, "père". Aujourd'hui, ce nom masculin est en emploi chez les jeunes pour désigner un "policier", représentation finalement assez classique de l'autorité paternelle et du signe de la loi ! « Gaffe à te faire choper, y'a les bébécs en patrouil' » (Or.) ; « Le rêve, se faire coffrer par un bébec qui écoute IAM dans le panier à salade ! » (Liste IAM). Chez les jeunes, circulent deux synonymes empruntés à l'arabe, les **ham** et les **hall :** « A deux minutes, je me faisais guinter* par les hall » (Or.) ; « Un impertinent de plus, j'emmerde les hams » (FF).

Bédelet

▼ ❑ ❖ Qu'on se le "crève" ou qu'on se le "lève" à l'occasion d'un effort, ce nom masculin désignant le ventre, la panse (du provençal *bedelet*) ou selon certains la "chute du rectum", n'a plus guère la côte aujourd'hui : « Tu peux pas dire comme tout le monde, se lever le cul ? » (Or.) ; même en littérature, l'équivalent français du mot s'impose : « Je me suis levé le bédelet et je n'y suis pas arrivé. Ce qui veut dire, tu en conviens, je me suis levé le cul. Littéralement, le *bédelet*, emprunt à l'occitan budelet, désigne le derche » (DUG). L'expression marseillaise synonyme de se "lever l'âme", de "travailler sans répit" au point "d'éclater" serait-elle en train de se dissoudre avec les anciennes solidarités de bon voisinage, de l'Estaque et d'ailleurs ? : « Ton mur, je m'y lèverai pas le bédelet pour le monter. Appelle le maçon ! » (Or.). Ou bien lui préfère-t-on encore le verbe **s'esquinter,** "se fatiguer à l'extrême", issu lui aussi du provençal *esquinta* et qui a diffusé nationalement ?

Bellastre

● ❖ Ce nom masculin et adjectif, qui tient à la fois du *bellâtre* français et du provençal *bellasso,* désigne le "frimeur" ou le "vieux beau", toujours déambulant entre deux bars qu'il prend pour des salons de thé. Arbitre des élégances marseillaises, il constitue une espèce apparemment éteinte, victime du raz-de-marée anti-machiste et de la destruction du Cintra, un de ses antres favoris :

« Cio bellastre, les affaires marchent à ce que je vois à ton bras ! » (Or). A moins que le réchauffement de l'atmosphère féminine du Centre-ville avec l'œstrogénéisation marchando-estudiantine de la Canebière et le lifting polychromisant de la façade de l'Alcazar ne provoquent la résurrection du dinosaure, tout droit sorti de son œuf chaussé de ses légendaires "nébu* écrase-merde" (bicolores noir et blanc à bout vernis, pointu) et prêt à rendre aux dames l'hommage qui leur est dû : « Vé*, mais tu l'as vu celui-là. Il se prend pour quoi, ce bellastre ? Pour Raf Vallone ! » (IZZ).

Bellure

❏ ◆ Dérivé de *bel,* ce nom féminin désigne une "catégorie d'objets" (bijoux, vêtements...) à l'esthétique recherchée, "classieuse" qui concourt à l'apparence de la personne et à l'affirmation de sa position sociale. On disait ainsi d'une femme endimanchée de l'Opéra qu'elle "sort toutes ses bellures". Plus actuel dans l'usage, la présentation orgueilleuse par un jeune "DJ dance culture" (Disc Jockey) de l'équipement intérieur de sa Renault 12, très "façon IAM" : « Pour la one again touch', parole, je me suis installé le kit complet, le Volant Saint Maclou ake la moquette, la Queue de raton laveur, le pare soleil. Tout des bellures des années 80 » (Or.).

Ben boufa

❏ ◆ Rejeton de la famille arabo-judéo-provençale (son frère, *Ben suçant*, a lui aussi fait carrière), ce nom masculin désigne une personne hypercalorique, un "gros mangeur". La diététique contemporaine aurait dû faire disparaître ce type de comportement aberrant mais le *ben boufa* a résisté aux sirènes de la silhouette Chippendale et doit à l'américanisme triomphant de pouvoir continuer à se gaver le foie et se "cholestéroliser" les artères en horde dans les dégouli-fritures de la ville et de ses alentours : « Au "Mickey mes couilles" de Plan de Campagne [Ma queue Donald, note d'un commentateur], tias que des Ben boufas affalés sur des burgers sauce tombante » (Or.).

Bescanti, biscanti (de)

● ❖ De la discordance musicale (*bescanta,* chanter faux) et de l'anti-jeu de communication (*biscanta,* médire, répandre une calomnie) qui sont les significations originaires du *bescant*, l'expression n'a gardé que le "travers" de l'apparence : « Arrange ta cravate pour ton rendez-vous avec le délégué à l'insertion, qu'elle est toute de bescanti » (Or). Quand on est "de travers", c'est de la tête aux pieds. Souvent par anisophilie : « Oh méhu, toi t'y es pas un gandin, tu marches de biscanti » (QN). Ou par saute d'humeur : « Tu vas voir qu'il va rappliquer demain, la gueule de biscanti » (CAR).

Bestiari

▼ ❑ ❖ Nom masculin qui désigne une forme de "rustre" ou de "crétin des Alpes" : « Ça y est ! tu t'es brûlé, bestiari ! » (CAU).

On rencontre plus fréquemment son équivalent francisé, *bestiasse,* qui bénéficie du suffixe péjoratif "-asse ", très productif en marseillais comme marqueur de mépris.

Beuz

❑ ◆ Nom masculin pour "cigarette de haschisch", verlan de "zeub". Inutile de s'étendre sur le lien métaphorique entre les deux entités tubulaires : « Un beuz que les autres n'auront pas ! « (DUG).

Biais

❏ ❖ **Avoir le biais** est une expression verbale formée à partir du provençal *biaisso*, "façon", "manière". Pour le Grand Robert, le terme en ancien provençal pourrait avoir une étymologie grecque, *epikaissios*, "oblique". *Avoir le biais,* c'est "savoir y faire" : « Il a le biais de rentrer à l'œil à l'OM » (Or.) ; « Tu comprends, j'ai toujours été sympathique. Et ça, dans le commerce, c'est la première des choses. Ou on a le biais ou on l'a pas » (BOU).

Et **faire à son biais**, c'est "faire à sa manière" : « Je m'en fous je fais à mon biais, ma manière, ma façon » (Mss).

Bisquer

● ❖ Verbe de registre populaire ou familier en français, "avoir du dépit", "pester". Du provençal *bisco*, "être de mauvaise humeur", "râler" : « Bisque pas, mais j'ai pas pu avoir de places pour le match » (Or.) ; « Moi, je pensais qu'il s'amusait, qu'il avait deviné que je portais des fromages et qu'il voulait me faire bisquer » (BOU). Dès l'enfance, le petit Marseillais s'exerce dans les cours de récréation à moquer cette attitude : « Bisque, bisque, rage, mange du fromage ! ».

Le nom masculin **bisqueur**, du provençal naturalisé *biscaire*, "celui, celle qui se dépite, s'emporte", est beaucoup plus rare : « Qué bisqueur, ç'ui-là ! » (Or.).

Blob

❏ ◆ Dans le vocabulaire d'IAM, ce nom masculin tiré d'un film d'horreur où de pauvres victimes se transforment en amas de gélatine désigne une "personne collante" (syn. arapède*) . Hors du fan club du groupe et sans doute sous l'influence plus directe du film, le terme a vu son sens s'étendre bien que toujours déterminé par l'idée négative d'"adhérence".

Employé comme nom ou adjectif, il sert à catégoriser des individus, des choses ou des états "visqueux" dignes des meilleurs moments de la série "X-Files" : « Soirée fully blob pour chefs d'entreprise remontés aux 35 heures. Même de droite, j'y revas plus, promis ! » (PdM) ; « Trop de taf. Des heur's, qu'il a fallu s'taper ! Et l'taulier, c'est un vrai blob » (IZZ).

Bock

❑ ♦ On trouve en marseillais plusieurs expressions verbales formées à partir de *bock,* mais avec renversement du sens argotique de "chance". **Prendre (piquer) un bock**, ce n'est pas "avoir de la chance" mais au contraire, "perdre la face".

Faire bocquer quelqu'un, c'est lui "faire honte devant témoin" : « N'y recommence pas, sinon je te fais bocquer devant ta fiancée » (Or.).

Bofi

❑ ❖ Nom masculin et adjectif, emprunté au provençal. On peut penser que l'usage actuel (rare) pour caractériser une personne dans sa globalité est issu de la confusion du français *bouffi* et du provençal *bofi* (BOU) désignant le "gonflement que fait la joue quand on mange goulûment", le fait d'être "enfle" ou de *bofo*, "bosse", "boursouflure" : « Son accouchement, ça l'a laissée bofi » (Or.).

Bombasse

❑ ♦ Décidément tout terrain et toujours très utile en marseillais, le suffixe péjoratif "-asse" est ici accolé à une bombe anatomique pacifique qui désigne en français familier une "belle fille". Le nom féminin et adjectif prennent une nuance péjorative pour une "bombe de contrefaçon" ou une "fille qui jouerait à la bombe" : « Les home boys dans la place viennent pour m'écouter, pour draguer les bombasses ou simplement danser » (Mss).

Bomi

❑ ❖ L'expression verbale **avoir le bòmi** est formée à partir du provençal *bomi*, "envie de vomir", "nausée", que Mistral rapporte étymologiquement au latin "vomitus" : « Dis, tu serais pas enceinte, que tu arrêtes pas d'avoir le bomi ? » (Or.). L'influence du français apparaît dans l'emploi fréquent chez les plus jeunes de l'expression **avoir le vòmi.**

Bonne

● ◆ L'adjectif féminin, employé par les jeunes pour désigner une "belle femme", est un abrègement de l'expression "bonne à manger", où classiquement la beauté prend forme comestible : « La dodue, elle est partie en dépression, on te l'a fait craquer, fada*, après i nous ont mis une vraie bombe, qu'elle était trop bonne, elle, on l'a pas traitée » (Or.).

Bordille

● ❖ Ce nom et adjectif féminin issu du provençal *bordo* n'a plus aujourd'hui qu'un sens péjoratif, "salaud" ou "moins que rien" (pour une personne), "bâtard" (pour un chien) et "déchets, ordures" (pour une chose), la signification neutre de "fêtu", de "poussière dans l'œil" ayant complètement disparu : « Ce qu'on a fait hier soir tous les deux, toutes les bordilles déshéritées comme nous vont s'empresser de refaire la même chose » (CAR).

Diminutif de bordel, intégré à l'argot national, il sert à désigner un personnage peu recommandable, un parfait salaud, une "ordure" (associé au qualificatif "noire", il atteint un sommet de dépréciation ; tout comme "bordillasse" (BOU) : « Le plus bordille c'est Pastrami. Dans l'OAS qu'il était ! Je parie qu'il écrit avec du sang parce qu'il s'y croit encore » (COU), mais également le contenu nauséabond des déchets domestiques ou industriels. Marseille, comme la plupart des grandes villes, a un compte à régler avec ses ordures ménagères ; le train qui les transporte de la Gare du Prado à la grande décharge d'Entressen est l'objet des commentaires les plus pittoresques : « Le train des poubelles, c'est une spécialité locale. Tu as des villes qui ont des décharges, des usines de retraitement des déchets, des désintégrateurs de bordilles. Nous on a le train des poubelles » (CAR).

Bouche

● ◆ Désignation du tout par la partie, nom féminin pour "bavard impénitent", "grande gueule", "fanfaron" : « C'est quand même bizarre qu'ils ne m'aient pas poursuivi les deux grosses bouches qui voulaient me crever » (CAR). Le nom peut désigner autre chose qu'une personne, situation ou lieu qui ne tiendrait pas ses promesses : « Marseille, Bouche de vieille » (Léda Atomica).

Avec le même sens, **plein de bouche** est une désignation méprisante pour le "beau parleur" : « Plein de bouche que vous êtes tous à pas m'écrire » (PdM).

Le substantif entre dans l'expression **avoir de la bouche** qui signifie "parler sans être capable de faire ce qu'on dit" : « Laisse, Louis ! Le marin il a que de la bouche. C'est un farfanti ! » (C&A).

L'expression **se faire la bouche** a le sens de "s'embrasser" : « Cheudeu* la bouche qu'ils se font devant, accélère ah, maintenant que tu as bien goûté ! » (Or.).

Au registre de l'interjection méprisante, on citera comme synonyme « **O trompette !** » : « OO trompeee-teu : insulte hybride entre "pipeau" et "bouche" (PdM).

Boudenfle

▼ ❑ ❖ A rapprocher de *bofi,* "bouffi". Si le *boudenflas* (Mistral), c'est le "gros boursoufflé", le nom masculin et adjectif, dans l'usage actuel, désigne surtout le "vantard" ou le fait de "s'en croire*" : « Trouillard ! Boudenfle ! Rastègue ! Ah, les hommes ! Vous êtes bien tous les mêmes, vaï* ! » (COU) ; « Fifine, qué boudenfle depuis qu'elle s'est mariée un docteur » (BOU).

Boudiou

● ❖ Interjection provençale *boudièu* dont la persistance tient non à une religiosité persistante, mais à la diversité des fonctions qu'elle assume dans la communication comme son équivalent français "Bondieu", marquant tout aussi bien l'admiration, l'étonnement ou la douleur : « Boudiou, tant d'histoires pour ça ! » (Or.).

Boufe

▼ ❑ ❖ Le sens de "gifle" pour ce nom féminin issu du provençal *boufo,* "soufflet appliqué à quelqu'un qui gonfle sa joue pour le recevoir", reste encore en usage verbal sinon physique : « Attend que je te colle une bouffe que le mur il t'en rend une autre » (Or.). On notera pourtant actuellement le rapprochement de signification de termes ayant une forme sonore proche en français et en provençal, comme *bofi,* * *bouffon*,* *boudenfle*,* *boufigue** pour désigner une personne "grosse" ou un "vantard" : « Vé la boufe qui fait son beau*! » (Or.).

Bouffon

● ❖ Si le provençal connaît *boufoun,* "personne qui sert de jouet", l'origine de ce nom masculin et adjectif est italienne, *buffone,* "personne qui aime faire rire". La reprise récente (1990 ?) du mot comme terme d'injure dans le sens de "prétentieux" semblerait un réemprunt à l'italien par le français régional du Sud : « Hé bouffon ! tu la boulègues ta BM, que le feu il est vert ? » (Or.). On entendra aussi plus rarement **bouffonneur** : « Il est brave mais qué bouffonneur avec les filles ! » (Or.).

Faire le bouffon (ou **faire le mac**), c'est "se donner de l'importance".

Le verbe **bouffonner** d'usage littéraire en français, "se montrer prétentieux, chercher à impressionner par ses propos, sa conduite" est passé via Marseille (le provençal connaît *boufouno*, "bouffonner") dans le langage des jeunes avec une idée péjorative de "manque de sérieux". Ce sens n'est pourtant pas le plus pertinent dans les enquêtes où le verbe signifie plutôt "frimer" : « Vé le bouffonner avec le casque intégral sur la mob ! » (Or.).

Boufigue

▼ ❑ ❖ Du provençal *boufigo*, "vessie", "ampoule", "ventru", ce nom féminin et adjectif, au son dilaté, a gardé les traits lourds de "grosseur", d'"enflure", de "bosse" : « Le dentiste, ça te plaît pas, mais tu peux pas rester avec cette boufigue » (Or.). On retrouve aussi l'idée de "bouffi" que le terme partage avec d'autres cités dans ce dictionnaire : « C'te boufigue, c'est ta sœur ? » (Or.).

Bouger

❑ ♦ Par euphémisme, ce verbe signifie "voler". Ce terme désigne un déplacement d'objet impliquant un changement subit et unilatéralement consenti de propriétaire. Il est de fondation dans la littérature policière made in Marseille : « Le magnétoscope, il est pas bien au point (...) mais c'est normal, j'ai jamais eu le mode d'emploi en français, vu que c'est du matériel bougé sur les quais par un copain de Néné, docker au Port Autonome » (CAR).

Bougnette

● ❖ Nom féminin issu de l'argot marseillais et élevé au Panthéon de l'argot national via l'inspecteur Alexandre-Benoît Bérurier, collaborateur du commissaire San-Antonio. Du provençal *bougneto,* d'abord "beignet" puis par restriction de sens, "tache d'huile" et "tache" : « Le merguez-frites au comptoir, c'est bien pour les bougnettes » (Or.).

Autre sens du terme, spécifiquement local, celui de "bêtise", sans doute par contamination sonore avec le terme de sens très voisin, **boulette,** qui plaisante sur une erreur malencontreuse mais dépourvue de matière grasse : « C'est toujours c'te caissière qui me fait des bougnettes dans le ticket de caisse » (Or.).

Bouillabaisse

❑ ◆ Le Marseillais, dont on connaît le goût culinaire raffiné, préférera de loin **être dans une (ou la) bouillabaisse** que dans un autre plat beaucoup moins ragoûtant et moins évocateur comme le "potage" ou la "panade" des autres Héxagonaux. Expression verbale formée par analogie de composition pour "avoir des problèmes", autant qu'il y a de variétés de poissons dans le plat national marseillais : « Me voici en pleine bouillabaisse et je n'imagine pas un seul instant que ce peut être le paradis » (VAL).

Boulégon (boulégant)

● ❖ Ce nom masculin doit son sens de "personne remuante" au provençal *boulegoun*. Il désigne une catégorie d'individus ethniquement caractéristique de la vitalité marseillaise, d'où la forte fréquence du mot dans l'usage aujourd'hui : « Pas de mouligasse, que des boulégants qui sautent en l'air » (Mss).

Le verbe **bouléguer**, remuer (« boulègue pas le bateau ! ») connaît une fortune particulièrement heureuse, en tant qu'expression de la "fureur de bouger", de la "movida" marseillaise : « Le supérieur hiérarchique lance un "boulégon" qui fait sauter le jeune nordiste de son tabouret » (CAR). Cet "allez, en avant !", c'est l'apostrophe du bonheur : « Boulègue-toi mon collègue*, la vie te paraîtra moins laide » (Mss). Un seul idéal vaut la peine pour le Marseillais, le boulégan perpétuel : « Plus tu te boulègues et plus tu te boulègueras » (Mss). Impératif catégorique de la vie communautaire, il est indissociable de la naissance de la tribu marseillaise : « Crée ton Commando et va bouléguer tes voisins ! » (Mss). Avec pour conséquence, rien moins que la promesse du nirvana : « Tu peux t'éveiller, tu peux te mettre à bouléguer dans tous les quartiers » (JC). Parfois, quand l'histoire ne fait plus galéger, le verbe résonne comme un appel à la résistance : « Ah tu le sais, cousin*, à Marseille comme partout en France, dans tous les villages, dans tous les quartiers, il est urgent de reprendre la parole et de cesser d'avoir peur. Boulégan ! » (Mss). Contre le centralisme et la bureaucratie qui pèsent sur le quotidien et font "sauter les câbles", certains appellent à "se révolter" : « Tous ces tracas que le facteur t'a apportés, mets-y le feu* et viens avec nous bouléguer » (Mss). L'histoire de Marseille est celle d'une ville où rien ni personne n'a jamais cessé de se mouvoir : « Nos ancêtres qui n'avaient froid ni aux yeux ni aux pieds, pour bouléguer n'ont pas attendu qu'arrive le reggae » (Mss). Les morts, traditionnellement, bougent encore sur le Vieux-Port : « Bissûr qui sont frais mes poissons, vé* là qui boulèguent encore » (Or.). La police aussi remue, et Frèdi en fait les frais : « Le pauvre Frèdi i'se fait tabasser. A coups de groles i'les ont boulégués » (Folklore du càcou marseillais). La chanson fait bouger les nuits marseillaises : « Boulègue-toi collègue* sur la piste de danse. Boulègue-toi mon collègue*, maintenant fais un effort » (H). Au final, amoureux transis ou dépités, tous les Marseillais se remuent pour leur ville, sans vraiment respecter l'ancienne injonction "ne boulègue pas le bateau" ("tiens-toi tranquille") : « A fond pour ma ville, de longue* je me boulègue, critique à 100 % mais je reste intègre » (Mss). On trouve aussi l'interjection **bombarde !** pour "remue-toi !"

Boulibaï

❏ ◆ Expression de salutation en vigueur chez les posses*, "tribus" raggamuffin de la ville. S'emploie en interjection, "Avé !" : « Boulibaï sur eux ! Et autant vous le dire, ce sera notre tube de l'été » (Vé). Ou comme nom masculin avec le sens de "salut !" : « On rencontre aussi à Paris des gens hallucinants de gentillesse, comme Patrick, cet ami Sodi, à qui je lance un gigantesque boulibaï » (Vé).

Boumian

▼ ❏ ❖ Nom issu du provençal *boumiano*, "bohémien" (féminin, boumiane) tellement intégré dans le paysage local qu'il en a été tiré un type de la Pastorale, subsiste ce personnage au nom à peine francisé et toujours assorti d'une imagerie de cartomancien volant (alias "masco" ou magicien) et de poules (version fin XXe siècle) volées. Les jeunes semblent lui préférer la version canine du "chiapacan*" : « Hé boumian, qu'est-ce que tu fais avec les gadjies* ? » (MOR).

Bourg'

❏ ◆ Les jeunes Marseillais insèrent la classique dénomination "soixante-huitarde" de LA classe sociale honnie dans l'expression **taille de bourg'**, façon "taille mannequin", pour désigner les femmes des jambons* de Paradis-Périer. Plus méprisant, la **bourgette** s'appliquera à une contrefaçon de la précédente : « Ophélie W., c'est de la New Jack pour taille de bourg » (Or.)

Bout

❏ ◆ Nom masculin qui tient sa signification du sens induit de "morceau" pour désigner le "hash" et son conditionnement "la barette de hash" : « Deux nuits bout à bout d'afghan frais, chuis sur la tour Eiffel.Yo ! » (Liste IAM).

Bouti

▼ ❏ ❖ Insulte dont l'usage s'est marginalisé. Nom masculin issu du provençal *bouti,* "creux" (BOU) devenu au figuré "homosexuel" : « Bordilles ! Boutis ! Bras cassés ! Cague-brailles* ! » (COU). Créé par IAM, le terme **izze**, de faible diffusion et qu'on ne rencontre que sous forme d'adjectif, désigne aussi un homosexuel : « T'y es izze, c'est une insulte grave pour pédé, mais on l'emploie pas souvent chez mes potes » (PdM). Autre dénomination, **boyg**, mot-valise formé sur l'anglais par l'amalgame de "boy" et "gay" : « Un boyg, d'accord, mais en place, pas Drag Queen ! » (Or.).

Bozzo

❏ ◆ Elément du vocabulaire d'IAM qui connaît un certain succès. Le clown Bozzo à l'origine de ce nom masculin explique les traits de ridicule affectés au personnage, synonyme de "Laid, fifre*, Mia*", autrement dit de "personnes cherchant à ralentir la marche d'IAM, si vous ne vous reconnaissez pas en l'un de ces titres, pas la peine d'aller à Bouglione pour remplacer le clown" (IAM). En diffusant, le terme a pris un sens plus spécifique, pour désigner un "frimeur ridicule" : « Un bozzo, c'est un gadjo* qui se la joue mais qui ça va pas, mais alors pas du tout !! (comme Benny B.), bref quelqu'un qui est plus que ridicule en se la jouant qu'en étant naturel » (Liste IAM).

Brailles

❏ ❖ Nom féminin pluriel, du provençal *braia*, "braies", "culottes". Au-delà de l'héritage vestimentaire direct, ce costume constitue un fidèle hommage pantalonnier local aux ancêtres gaulois, dont la tenue, jugée sans doute excentrique par les Romains drapés, avait déjà valu à la Gaule méridionale le titre latin de *Gallia braccata* : « En couverture, une marine d'antan, un Vernet, où sur le quai se promènent les négociants de l'autre côté de la mer, turbans gonflés et brailles pendantes » (MER).

On rencontre encore le nom masculin **caguebrailles** pour un "pantalon trop large tombant sur les chevilles", pour une personne aux grandes jambes. Plus rarement, on entendra pour une personne mal mise que "c'est un vrai braillasse", "débraillé". L'expression **quitter les brailles**, aujourd'hui rare d'emploi, s'applique à la cessation d'activité professionnelle, "quitter le métier".

● Les formes verbales **s'embrailler, se rembrailler** pour "rentrer la chemise dans le pantalon" ou par généralisation "s'habiller", sont beaucoup plus fréquentes : « Ferme ton magasin*, va, mal embraillé ! » (Or.).

Brancaci

❏ ❖ La traduction apparemment littérale de ce nom masculin par "bras-cassé" pour désigner un "maladroit" (« C'est juste ce brancaci que tu as trouvé pour l'opérer, ton fils ? » Or.) semble aggraver encore le cas du provençal *brancaci* (peut-être à rapporter au latin *Pancratius,* "Pancrace" c'est-à-dire "nigaud") : « Je te dis qu'elle est courageuse de se mettre avec ce brancaci » (Or.). L'expression méprisante **espèces de bras-cassés** adressée à l'origine aux travailleurs paresseux du port a largement diffusé dans la population marseillaise (ROU).

Brave

● ✳ Survivance méridionale, non plus dans le sens de "courageux" mais comme adjectif synonyme de "gentil" : « J'ai même une photo où je suis avec Michel Simon. Il était laid, mais qu'est ce qu'il jouait bien ! On en fait plus des artistes comme ça. Et brave ! Elle aussi, Gaby Morlay, elle était beaucoup brave » (BOU). Souvent aussi en antiphrase de "niais", "saint naïf" : « BRAAAAVe », c'est être un peu con, ou simplet » (MsW). Dans l'expression, **brave moment** (« Ça fait un brave moment que notre grand gourou fait le mort », PdM.), l'adjectif exprime la durée, synonyme de "très longtemps ».

Brêle

● ❖ Péjoratif, nom et adjectif féminin issu de l'arabe algérien *bgel,* "mulet", du temps de la colonisation, désigne en argot national un "incapable", un individu "borné" : « Mais c'est une brêle, ce mec, tu vois pas ? » (VAN) ; « Cassez-vous, bande de brêles, avant que je vous envoie le GIGN » (CAR). Mais à Marseille, toujours par analogie avec l'animal-moyen de transport, le nom désigne aussi une "mobylette", avec une nuance ironique (cyclomoteur clinquant, avec les deux rétroviseurs à la Harley et la selle fourrure, mais qui "peine", qui "rame ferme"...) : « Ta brêle, dans ce cafouche*, elle restera pas longtemps sur les pneus » (Or.).

Bronze

❑ ◆ De Rodin à César, aucun sculpteur ne revendiquerait de **couler un bronze** dans le sens où les jeunes emploient cette expression, comme synonyme de "déféquer". La matière fécale tenue pour matériau artistique, voilà bien un exemple d'analité lexicale !

Broque

● ◆ Connu en argot national pour une "chose de peu de valeur" (simplification de *brocante*), ce nom et adjectif féminin s'applique à Marseille aux personnes, "très mal mises" et en quelque sorte synonyme de "Poubel's girl", voire "Poubel's boy" à l'occasion : « Avec ton faux lapin, on te dirait une grotesque broque ! » (Or.) ; « Rien. Le blond, c'est Micaleff, m'en parle pas, une vraie broque » (MER).

Broumé

▼ ❑ ❖ Du provençal *broumet*, "appât, fressure en bouillie que l'on jette à la mer pour attirer le petit poisson" : « Le concours, je m'y préparais, comme chaque année. Depuis peu, il était autorisé de pêcher au broumé » (IZZ).

● ❖ Formé sur le substantif *broumet* et d'usage beaucoup plus fréquent, le verbe **brouméger** (du provençal *brouméjà*) qui signifie au sens propre, "appâter le poisson" : « Broumège pas autant, le poisson, tu crois qu'y va piter* après ? » (Or.), devient en emploi figuré, "appâter", "attirer, flatter pour séduire" : « Si avec ce contrat, i broumège pas, c'est un vrai toti*! » (Or.). Autres significations marginales, "râler" (« Regarde-le, il est en train de brouméger dans son coin ! » (Or.) et "vomir tripes et boyaux" (« par moquerie, se dit d'un plaisancier qui n'a pas le pied marin qu'il broumège » ROU).

C

Cabanon

● ◆ Nom masculin qui désigne l'habitation emblématique des Marseillais, une "résidence secondaire les pieds dans l'eau, largement bricolée et carrément irrespectueuse des normes européennes de construction comme de la législation sur l'habitat en bordure maritime" : « Un cabanon ancien régime, véranda à base de planches de récupération, toit éverite, vigne défeuillée sur une treille rouillée de l'an quarante » (MER).

Lieu de la convivialité des heures de cagnard*, temple du Dieu Cochonnet et du rituel de la sieste, de la **partie de cabanon** : « Et promis, dimanche, on vient manger la bouillabaisse au cabanon » (MOR). Plus qu'un lieu, le nom est lié à un art de vivre, une philosophie de la vacance, même si le Marseillais s'y prétend occupé : « sian pa fenian quan sian au cabanoun », (on n'est pas feignant quand on est au cabanon). D'où sa pérennité quand la maison Phénix remplace la tôle et les planches : « Je pêche à la ligne et je mange mon poisson, je câline ma nine* et je m'endors au cabanon » (Mss). Comme la Tour Eiffel, il est forcément présent en fond de carte postale dans la chanson, la littérature et le cinéma : « C'est surtout au cabanon que nous nous en donnons au soleil le dimanche. On se met à 4 ou 6 pour un verret de Cassis. » (MOR).

Cabèche

● ◆ Nom masculin, version caricaturale et déformation familière du "cabinet d'aisance", à la préciosité désuète : « M'sieur, M'sieur ! je peux aller au cabèche ? – on dit pas cabèche en français, on dit pissadou ! » (Or.).

Cabestron

❏ ❖ Nom masculin, au sens de "niais", sorte de calembour mariant sans le meilleur et pour le pire l'idée de "tête" (le familier "caboche") avec des déjections beaucoup plus basses : « Charles, invoquant le Dieu-marron : ô Mange-Estron le cabestron, puis-je me prosterner à tes pieds de lotus, ainsi ma vie sera sublime » (QN).

Cacalouche

▼ ❏ ❖ Pour "Tête", nom masculin rare d'emploi : « Ça te ferait peut-être pas de mal de vivre un peu à la dure, ça te mettrait du plomb dans le cacalouche, que tu en as pas de trop » (CAU). Récemment remis en usage par les jeunes dans une forme francisée et imagée, le nom et adjectif **gagalouchie** est employé au figuré pour désigner une personne "simple d'esprit" ou l'état qui lui correspond ; bien dans la logique du terme primitif (c'est la tête qui est atteinte), le mot joue pleinement sur les proximités sonores et le clin-d'oeil (cf. le Grand Mamamouchi de Molière).

Cacarinettes

● ◆ L'origine de l'expression **avoir des cacarinettes** qui signifie "être idiot" avec une nuance bon enfant, "être en folie", est dans la "coccinelle" provençale. Mais il faut remonter à la racine grecque pour trouver le sens de "noyau, pépin de fruit, graine". La personne qui en a est supposée "avoir un grain", ce qui n'a plus rien de végétal et l'apparente au très célèbre "fada" : « Ça'va pas non ! C'est des cacarinettes que t'ias dans la tête pour t'associer avec c'tromblon ! » (Or.).

Càcou (caque, cake, kéké, quécou, quéquou)

● ❖ Ecce Homo ! The figure ! Der Totem ! Pas de Canebière sans Vieux-Port, pas de Marius sans Fanny et pas de Càcou... sans cagole. La diversité des dénominations et des orthographes de ce nom et adjectif masculin issu du provençal (*cacoua,* "cadet") ou de l'espagnol (*caco,* "voleur"), et que Bouvier rapproche du vieux français "caque", "barrique", en dit long sur la familiarité que la ville entretient avec ce séducteur aux allures d'affranchi, depuis toujours redouté des familles : « Le cacou ou quéquou se répandait de plus en plus avec ses intentions malhonnêtes : s'il fure*, c'est pour troncher » (ROU). Idéal-type du "frimeur marseillais", du bellastre* avec nine* et porte-clef Ferrari, c'est un macho presque sympathique de clinquant ostentatoire : « Anthony, c'est le vrai fromme ze ouèste coste càcou ! » (Or.). Il ne faut pas confondre ce prototype avec le **Khéké**, en circulation dans les Quartiers Nord et qui désigne un Gitan.

Un peu d'histoire naturelle se révélera utile à la connaissance d'une espèce que l'on rencontre déjà dans la préhistoire marseillaise. Morphologiquement, comme tous les hominiens, ce qui frappe d'abord, c'est la tête : « Le carnet ou je t'éclate ta tronche de cake ! » (CAR). L'instinct grégaire du cakopithèque est attesté dans les études savantes : « Les Néandertaliens locaux, genres de cakes primitifs à l'accent déjà épouvantable, poussaient eux aussi les troupeaux de chevaux sauvages pour qu'ils se fracassent en tombant » (CAR). Aujourd'hui encore, comme leurs ancêtres, ils vivent en tribu sur un territoire appelé Kartier et restent de naturel belliqueux :

« En marche, également, vers la Foire, ces "quécous" avancent, regroupés par quartiers, ceux de Saint-Jean toujours prêts à affronter leurs ennemis héréditaires de Saint-Mauront » (HEI). Il y aurait une nuance – subtile, il est vrai – à établir entre le càcou, un rien voyou et le caque (ou cake), qui tendrait plutôt vers le minet, voire le gigolo, avec la frime en prime (cf. Jean Jaque, *Les Càcous*) : « C'est la voiture des espions... L'Aston-Martin, c'est une vraie bagnole de cake. Dorée à l'or fin ! » (CAR).

L'expression **faire le càcou** met en évidence le jeu de rôle du personnage, l'idée de "rang à tenir", auprès des filles, le plus souvent : « Tu n'es pas obligé de faire le càcou avec cette fille dans les bras » (C&A). Mais parfois, juste pour se montrer "toro bravo", rebelle pour le panache : « Messieurs, mon ordre vaut pour vous aussi... Veuillez quitter la place immédiatement ! » ; « Allez Marius, on y va maintenant, fais pas le càcou ! » (MOR).

Cafi

● ❖ L'idée d'excès, de débordement qui caractérise le provençal *cafi*, "rempli, bondé, comblé" n'apparaît plus vraiment dans l'usage actuel où l'adjectif est utilisé dans le sens de "plein" : « C'est cafi de gadjos qui craignent dégun* » (Or.). Si l'on ne rencontre plus de **cafisseurs**, ces "bourreurs de crâne" habiles dans la tromperie, ce n'est pas que l'espèce ait disparu mais que pour les désigner, triomphent, à Marseille comme ailleurs, charlatans et autres gourous.

Cafouche (cafouchi)

● ❖ Ce nom masculin, à consonance très orientale, désigne un réduit, pièce ou alcôve, inconfortable, voire malsain : « Toi, rat de cafoutchi que t'i es, tu reluques une fiòli de la Pelle, t'ies taré ou quoi ! » (Or.) ; « Quand tu auras fini de glander devant l'ordinateur dans ton cafouche, tu pourras peut-être m'aider à repeindre les volets ! » (Or.).

Cagade

● ❖ Au sens propre, nom féminin et adjectif, synonyme de "merde". Si l'on tient vraiment à fourrer son nez dans l'étymologie, du provençal *cagado*, formé sur le verbe *cagar*, "aller à la selle" : « Dix cagades par jour, c'est la moyenne avec ce minot*! ». On entend encore, quoique plus rarement **cagatrouin** pour "excréments". En emploi figuré et passé dans l'argot national, "grosse, très grôôsse bêtise" : « Alors, faites dégager ce sale provocateur ! C'est lui qui fout la cagade. Ça pue la mozarella et ça vient donner des ordres ! » (MOR).

Cagadou

▼ ❏ ❖ *Cagadou*, nom masculin d'inspiration provençale pour "lieu d'aisance", W.C "artisanal" et par extension, "endroit rempli d'immondices" : « Il me prend une envie, il est où le cagadou dans cette pizzeria ? » (Or.).

Cagagne

● ❖ Au sens "propre", ce nom féminin issu du provençal *cagagno*, désigne une "diarrhée" : « Les moules avec moi, c'est tout bon pour la cagagne » (Or.). Au sens figuré, il signifie "malchance" : « Avec ce que je chope comme cagagne cette année, j'ai pas envie de tenter la Française des jeux ! » (Or.).

Caganis

▼ ❏ ❖ Forme agglutinée du provençal (*caga* et *anis*) qui désigne le "dernier né d'une famille" (cf. BOU pour le passage au sens figuré). Ce nom masculin très fréquemment synonyme dans l'usage actuel de "bébé", avec une connotation affectueuse : « Doucement caganis ou je t'escagasse* avec l'escoube [balai] » (C&A).

Cagnard

● ❖ Entré dans les dictionnaires nationaux comme régionalisme (Provence, Languedoc) pour désigner un "emplacement ensoleillé à l'abri du vent". La cause étant prise pour le lieu, le nom masculin devient synonyme de "plein soleil" : « Celui-là, dit Marthe, pour une assiette de pieds-paquets, tu lui fais monter tous les rompe-culs de la ville, nu-tête, par grand cagnard avec des pois chiches dans les souliers » (CAU). L'usage très fréquent du terme et son appartenance à l'argot national pourraient-ils tenir à son enveloppe sonore ? : « La langue d'ici exagère dans l'élégance. Elle est pleine de sons en asse, en ard ou en âtre. L'estrasse, par exemple, qui s'estramasse, s'estrancine et s'escagasse. Les pétasses. Le cagnard et la caillasse. Les radasses » (VAL).

Le verbe pronominal **s'encagnarder** (dont les formes plus anciennes aujourd'hui d'usage marginal sont "**s'acagnarder**" ou "**se cagnarder**") a le sens de "s'exposer au soleil" et "prendre un coup de soleil" : « De s'encagnarder huit heures par jour sept jours par semaine à la plage, c'est guère recommandé par les docteurs » (Or.).

Cagole

● ❖ Vertu et apparence laissent à désirer pour la version contemporaine de ces porteuses de *cagoulo*, "capuchon de pénitent", il est vrai devenu dans la tradition marseillaise, tablier des "travailleuses aux dattes", entendez des intérimaires, des "occasionnelles". Comme tous les totems féminins, vierge ou putain, épouse ou amante, la cagole fascine et repousse. D'où la grande diversité de significations de ce nom féminin et adjectif et l'inflation des usages qui en font certainement l'un des mots les plus fréquents du vocabulaire marseillais, tant dans la conversation qu'en littérature ou dans la chanson : « Une cagole est une femme peu extraordinaire physiquement, ou qui parle très vulgairement, ou qui se laisse mener au lit sans problèmes » (MsW).

Le terme désigne une catégorie de "Vénus" dans les stéréotypes masculins : « Pour le cas où je tomberais sur une cagole en mal d'amour, ce qui n'existe pas » (THO), ou de Lolita, quand elle est **cagolette** ou **cagoline**, "jeune fille précoce", avec valeur affective : « Il n'y avait pas de nervi* comme dans d'autres quartiers. Tout juste quelques càcous et leurs cagolettes » (*Autrement*) ; « Oh fada ! tu as les yeux encoconnés ! Tu vois bien que c'est pas une "cagoline" ! » (MOR). Parmi les traits dont le mot est porteur, on trouve celui de la "vulgarité", en premier lieu vestimentaire : « Avec ta mini jupe et tes semelles compensées, tu fais la vraie cagole » (Or.) ; « Bruyante et fardée, la cagole portait une jupe courte et fendue ; les femmes honnêtes disaient : "on lui voit le fioupelan", ce crabe velu désignait le sexe féminin dans le langage des femmes, les hommes parlaient plutôt de pachole* » (ROU). Chez les jeunes, le terme connaît une atténuation de l'usage, synonyme de "prétentieuse". A l'opposé, le terme prend un sens beaucoup plus dévalorisant quand il désigne une "putain" : « Alors, je te veux plus, dit Pascal, sans vertu et sans le sou, il te reste plus qu'à tourner cagole » (CAU). Et pour tenter de sauver la vertu, certains n'hésitent pas à en faire une Marie-Madeleine rachetée, une "Mme Càcou" entichée de son homme : « Les méchants càcous, i font se rouler le nombril aux cagoles ! » (Or.).

Caguer

● ❖ Magnifique voyage que celui de ce mot venu du fond des âges, du latin *cacare* qui a donné "chier" jusqu'à l'argot national en transitant par l'ancien provençal *cagar* et tous ses dérivés, cagagne, cagade, caguebrailles, cagadous aux sons si doux...

Dans l'usage actuel le sens propre (si l'on peut dire) du verbe actif et pronominal se fredonne encore : « Mange salade, jamais malade, mange concombre, jamais d'encombre, mange sardine, grosse poitrine, mange quérons, cague maison » (F). Au sens figuré, bien des choses "coulantes" peuvent être rendues par le mot : « Roule le bien, ton pétard, i cague ! » (Or.).

De ceux qui "ont peur", on dira volontiers qu'ils **se caguent** : « Le PSG, i se cague de jouer au Vélodrome ! » (Or.). Ou encore, dans la même veine, pour opposer les Olympiens aux Parisiens : « Ils se caguent, on craint dégun* ». **S'en caguer**, c'est "s'en moquer" : « Monsieur va ? – Comment ça...heu...je vais bien, merci ! – Mais non ! Je m'en cague de comment tu vas ! Où tu vas, blond ? » (CAR).

Mais c'est pour l'invective que le verbe retrouve tout son potentiel de nuisance. Une des expressions les plus populaires du parler provençal et marseillais, l'interjection verbale **fai caga** a le sens de "faire chier" : « Faï caga, faignasse que t'y es » (Or.). Même en version française, il n'y a pas d'arrangement avec ceux qui **font caguer :** « Ça fait caguer ceux qui veulent qu'on soit sage tout le temps, bouléguer à fond, ça fait changer le quotidien » (Mss). Parmi ceux qui provoquent la chose, notre police tient le haut du pavé : « Des fois, on se demande pourquoi les flics font caguer les minots* en mob* sur la rocade au lieu d'être là où y aurait vraiment besoin » (CAR).

Invite sera alors faite aux importuns d'**aller caguer**, pour leur signifier "d'aller se faire voir" : « Je te l'envoie caguer/car il est onze heures du matin/et j'étais avec Juliette /dans un grand lit tout en satin ! » (Mss).

Si besoin, on précisera aussi obligeamment la direction (transformation de "vaï carga (carguer) à Endoume", expression entendue lors d'une épreuve subie en 1693 par un apprenti capitaine peu doué pour l'art maritime, ECH), **à Endoume** ou **à la vigne :** « Va caguer à la vigne, ah, que tu nous déconcentres ! » (Or.).

Enfin, on notera le sens de "foirer", "rater", "manquer son effet", ce qui inspira naguère à Raimu une de ses plus belles entrées dans le champ filmique : « Oh, Pascal, et la quatrième mine ? – Elle a cagué ! » (PAG).

Caillasses

● ♦ Affublés du prodigieux suffixe péjoratif "-asse", les cailloux deviennent le nom féminin *caillasses* (ô combien plus facile que le pluriel en "x" de "caillou"...) : « Le mistral s'engouffre entre les caillasses, un enfer glacé » (CAR).

Calculer

▼ ❏ ❖ Le provençal *calcula* ajoute aux significations habituelles du verbe français («compter», "combiner", "apprécier une situation") le sens de "réfléchir" : « Dérange-le pas, qu'i calcule où i va mettre l'armoire ! » (Or.). Le triomphe national auprès des jeunes du verbe dans le sens de "regarder, prêter attention" ne s'est pas traduit par la disparition de l'usage régional mais sa marginalisation : « On a filé sans calculer, ventre à terre, direction dehors » (BLA).

Caler

❏ ❖ Verbe issu du provençal *cala*, "descendre", "faiblir" (le vent cale, faiblit) et de *se cala,* "se tasser, se replier sur soi". Ces deux significations éclairent l'emploi récent au figuré du verbe pronominal pour "se droguer" : « Je suis sûre que Frankie ne se cale pas » (THO) ; « José a 10 grammes de cocaïne pure. Il la coupe avec du bicarbonate à raison de 4 parties de cocaïne pour 6 parties de bicarbonate. 1) Combien de fois va t-il pouvoir se caler ? 2) Pour se caler à répétition, quel doit être le taux de dilution de la coke ? » (Liste IAM)

Caligner

● ❖ Du provençal *caligna,* l'usage actuel du verbe ne retient pas le sens de "courtiser une femme" mais celui de "cajoler", "mugueter". *Caligna,* c'est "embrasser" ou "caresser" : « Si vous voulez aller vous caligner/Dans la Gineste i' faut i aller à pied » (Folklore càcou). Le mot entretient une proximité de forme sonore avec le français *câliner* qui explique la diversité de ses orthographes. Lorsque la forme française a remplacé le verbe local, la réalisation sonore est le plus souvent "gn" comme dans *caligner :* « Je câligne ma nine et je m'endors au cabanon » (Mss).

Les formes du substantif dérivées du verbe *caligner* ont vieilli et sont d'usage marginal. Le nom masculin **calignage** est synonyme de "baiser", de "caresse" : « Au cinéma, méfi*, c'est calignage d'office, avec lui, tu verras même pas la bande annonce ! » (Or.).

Calignaire est un nom masculin ou féminin qui a le sens "d'amoureux", "soupirant" : « Les garçons disent "ma calignaire", les filles "mon calignaire" et, de fait, ils sont câlins et elles sont câlines dans cette belle contrée » (Apollinaire).

Calu (calut)

● ❖ Dans l'usage actuel, le nom masculin et l'adjectif ne désigneront plus un "myope", l'une des significations du provençal *calu* mais un "agité", "quelqu'un atteint de tournis" : « Y en aura une pour le soleil, qui, l'été, te rend calut » (Mss). Autre sens du mot, très fréquent, celui de "fou", de "pas fini" : « Et ce calu de merdeux vient frimer chez moi juste ce matin » (CAR).

Cambaler

▼ ❑ ❖ Issu du provençal *cambaloun* qui désignait un "bâton servant à porter les seaux d'eau", ce verbe a pris le sens de "porter". On le trouvait aussi comme synonyme de chaler*, **se faire cambaler**, aujourd'hui disparu, tout comme **cambaleur**, nom ancien des dockers. Le sens du verbe s'est restreint mais trouve un usage réactivé dans un certain type de relations des citoyens avec la police : "conduire au poste" : « Dix mille flics te traquent au Gari, pour une engatze* de produit, ils te cambalent et te rétament jusqu'au coma » (QN).

Camion

● ◆ L'expression cinématographique **tombé du camion** (très employée aussi par les jeunes sous sa forme siglée **TDC**) donne à voir en gros plan sa signification, pour désigner une "marchandise volée" : « Sur pépé que j'ai rien fait, monsieur, c'te télé, je l'ai achetée d'occase, c'est pas vrai qu'elle est tombée du camion » (Or.) ; « On ne vole pas/quand on fait les tombées de camion/on ne vole pas/on respecte la tradition » (H).

Capelan

▼ ❏ ❖ Nom masculin dont l'usage s'est marginalisé. De l'ancien provençal *capelan* (chapelain), "prêtre pauvre ou cagot dont on parle avec mépris". Cet usage déserte aujourd'hui largement les bénitiers au profit des étals plus prosaïques où des poissonnières vendent encore à bas prix ce poisson bas de gamme aux couleurs plutôt ternes. Notre pauvre curé ne se maintient donc plus que dans quelques images rebelles à la modernité : « Il pleut des capélans et des belles-mères ! » ; « Tu fais le clerc et le capelan » ("les questions et les réponses") ; « Il multiplie les cagades autant qu'un capelan en bénirait » (pour une "personne qui ne cesse de gaffer") où le vieux fonds anticlérical trouve à s'exprimer dans les traits défavorables prêtés au personnage, sentencieux et sûr de ses vérités, ou encore, pour exprimer l'impossibilité d'un événement : « Bah, on rentre, c'est plus l'heure ! Il pourrait tomber des capelans à cheval sur des nonnes que le poisson, il viendrait même plus » (MOR).

Capèu

▼ ❑ ❖ Du provençal *capèu,* nom masculin désignant le "chapeau". La résistance du terme à l'usage tient sans doute à l'action toujours aussi éclatante du soleil qui en fait un attribut des plus fonctionnels : « Mets ton capèu, que sinon, tu vas t'encagnarder* » (Or.). En tant que touche finale de la panoplie masculine, de l'historique nervi * au moderne mia *, il continue à faire son effet malgré la montée irrésistible de la casquette : « Putain de capèu à la "one again" ! » (Or.).

L'expression provençale **l'as paga lou capèu** ("tu l'as payé ton chapeau ?") reste marginale à l'oral mais elle est encore reconnue comme interrogation ironique et à l'écrit, elle est victime parfois d'un délire orthographique (le provençal, pas plus que le français, n'échappant à la fantaisie) : « A pagaou lou caphou, c'est quand on voit un keum aqu'un chapeau et que l'on veut se moquer gentiment » (PdM).

Caramantran (calamentran)

❑ ❖ Dénomination en provençal du carnaval et de son personnage central, promu à une fin tragique dans l'eau ou sur le bûcher : « Vous nous voyez avec un Caramentran qu'on ferait brûler sur la plage, les enfants des écoles, les groupes folkloriques et le discours en patois » (MER). Le nom masculin, d'usage ironique, désigne par analogie "une personne déguisée", "mal mise" : « Dès que c'est fini, tu m'enlèves ce costume. Tu as l'air d'un calamantran là-dedans » (CAU) ; « On ne pouvait pas se tromper, c'était un faux nez, vêtu à la va-comme-je-te-pousse, comme Caramantran » (DUG). Par extension, le terme désigne un "pitre", une "personne peu sérieuse" : « Tu es convaincu à présent ? – Convaincu que vous êtes tous des caramentrans, voueï* » (BRO).

Caraque

▼ ❏ ❖ A l'origine, *caraco* est le "sobriquet que l'on donne aux Espagnols à cause d'un juron qui leur est familier" (*carajo*). Dans son sens premier, ce nom féminin est une dénomination des "Gitan(e)s" : « Il y avait bien sûr tous ces bruits de guerre, l'Allemagne, Hitler et toutes leurs histoires de caraques » (CAU). Par analogie d'état, on le rencontre souvent avec le sens de va-nu-pieds ou de personne "mal mise" : « Ques' c'est, ce pantalon de caraque qui te tombe ? » (Or.). Par extension, comme adjectif ou comme nom, pour qualifier une chose ou une situation, il doit être pris comme une dépréciation sans appel : « Le jardin, i fait vraiment caraque avec ces sièges de bagnole ! » (Or.).

Cash-flash

❏ ♦ Expression d'allure composée formé sur l'anglais et dont la traduction littérale "comptant-en un éclair" permet facilement d'en comprendre la signification dans le langage des jeunes ; elle est synonyme de "très rapidement" : « Cash-flash alors le café ! » (Or.)

Cariole

▼ ❏ ❖ Proche du sens de l'ancien français ("véhicule rustique" devenu "charrette"), ce nom féminin issu du provençal *carreto* (modifié par l'ajout du diminutif "-ole") est un synonyme particulièrement dédaigneux de "véhicule de bas de gamme" ou "d'épave" : « Cinq patates pour c'te cariole, tu me galèges* ou quoi ? » (Or.).

Castapiane

▼ ❏ ❖ Equivalent moins savant, plus régional mais tout aussi douloureux de la "blennorragie" : « Algarades aux Aygalades, embouligue* aux Martigues, Castapiane à Mourepiane, Engambi* à Menpenti » (F).

On ne confondra pas cette maladie avec la **pécole**, beaucoup plus grave, qui désigne régionalement la vérole !

Cerise

❏ ◆ Par analogie de forme et de couleur, ce nom féminin désigne au figuré le "sexe de la femme" : « Elle a juste ce qui faut de tissu pour tenir sa cerise au chaud, pas plus » (Or.).

Chala

❏ ❖ Formé sur l'arabe, **chala que**, réduction syllabique d'Inch Allah, fonctionne comme locution conjonctive, avec le sens de "pourvu que" : « Ça sent la mort dans le quartier, chala que les jeunes y se tiennent tranquilles, maintenant faut la dignité, on a droit, qu'on nous laisse en paix » (Or.).

Chaler

● ❖ Les habitués du porte-bagages de vélo ou de mobylette auront des difficultés à se reconnaître dans le sens provençal du verbe *chala*, "prendre ses airs", "mener une vie voluptueuse" mais aussi "se balancer à l'escarpolette", signification à l'origine de l'usage du verbe, hier appliqué au "transport à l'arrière du tramway" et aujourd'hui pour "porter à l'arrière d'un deux-roues" : « Alors ils remontaient sur leur cyclomoteur et se chalaient, les jambes pendantes, rasant les voitures, tapant du pied et du poing sur les carrosseries en faisant des bras d'honneur » (VAL).

Chaple

❏ ❖ L'expression **faire un chaple**, de *chaple* en ancien français ("massacre, carnage") mais que l'on rencontre aussi en provençal signifie "semer la pagaille" :

« Tu as fait le chaple dans ta chambre et maintenant, tu ranges ! » (Or.). Autres sens : "faire un drame" : « Il a fait un drôle de chaple quand il s'est morflé* la vitre ! » (Or.) ou "massacrer" : « C'est le moment que les Américains ont choisi pour bombarder la ville. Ils ont fait un chaple, ils nous ont fracassés » (MER).

Chasper

● ❖ Du provençal *chaspa,* verbe actif et pronominal qui exprime toutes les nuances du palper. De l'attouchement médical, avec le sens de "tâter" : « Le docteur, i m'a pas tout regardé, juste i ma chaspé la gorge » (Or.), à la caresse soyeuse et enveloppante de bons endroits, comme synonyme de "manier, patiner, tâtonner, fouiller avec les mains" : « Quand j'ai dansé avec elle, j'ai pas essayé de la chasper, j'ai juste respiré son odeur, ça me rendait fou » (BLA) ; « Tu te rends compte ? que ça il voulait. Juste m'installer dans une villa comme celle-là et venir de temps en temps rien que pour me chasper les tétés » (BOU). On ne fait plus guère usage de la forme pronominale *se chasper* dans le sens de "se détendre, se reposer", lui préférant une autre sensualité, "se masturber" : « Va te chasper, âne que t'i es ! » (Or.).

Formé sur le verbe, le nom masculin **chaspeur** désigne une variété de "petites mains balladeuses" dont il convient (ou pas, c'est selon) de se méfier : « Le Variétés, c'était un repère de chaspeurs ! » (Or.).

Cheper

● ◆ Si le verlan est presque inexistant dans le parler kartier ordinaire à Marseille, il trouve à s'exprimer dans les mots de la musique techno et des "raves", renforçant par là le caractère international (et revendiqué comme tel) de cette forme de culture musicale. Le verbe **cheper***,* verlan de perché, désigne par métaphore l'état d'une personne qui a trop abusé d'ecstasy (abréviation, "X") ou de LSD, synonyme d'"être en transes" : « Il est complètement chepé là, y'a quelqu'un qui va pouvoir le ramener de suite ? » (Or.).

Cher

❑ ◆ Employé par les jeunes dans le sens de "beaucoup" : « Des imbéciles/scarlas/pouilleux, y'en a cher qui se sentent satisfaits quand ils écoutent les musiques de leur choix, le hip-hop c'est un genre de musique comme Mozart » (Liste IAM).

Cheudeu

● ❖ Interjection très populaire, simplification de *fatche de !** servant à renforcer l'impact de la phrase, comme le feraient "pétard !" "putain !" (souvent associé à "con") : « Cheudeu con, un but pareil c'est le rêve ! » (Or.). « Depuis deux ans, cheudeu, y plus grand'chose d'important comme chantier ! » (CAR).

Chiapacan (chapacan)

● ❖ Ce nom masculin signifiant "mal élevé", "mal habillé" ou désignant un "voleur sans envergure", un "manfoutiste" reste très prisé pour sa sonorité et les effets de voix qu'il suscite. Il est de fait un des beaux fleurons du langage marseillais. Du sens original de "voleur de chien" (de l'italien *acchiapacani*, selon Bouvier-Martel) ou de "chasseur de chiens errants", employé municipal patenté, n'a été conservée que l'allure débraillée et louche du personnage. Il désigne un "voyou", un "chiffonnier", ces deux dernières significations étant parfois connotées de tendresse dans l'usage familial : « A la mort de ses parents, au moment du partage, mon père et son frère, ils se sont disputés comme des chapacans à cause de sa belle-sœur qui voulait tout pour elle » (BOU) ; « Toi i te traitent de fainéant, de chapacan et tu verras qu'un jour i te traiteront d'assassin ! » (COU). Les jeunes des cités l'ont acclimaté jusqu'à s'autodésigner ainsi par bravade : « La nuit des Chiapacans [titre d'un album de Quartiers Nord], tainkcébon ! » (Or.). Souvenir de l'origine du terme, il sert à désigner un « coiffeur pour chiens, donc pas trop classe, qui travaille de manière brouillonne » (PdM). Et distinction suprême, il évoque par humour et dérision un titre de journal digne de cohabiter avec *Libération* : « Je garde l'original et envoie les photocopies à des journaux à Paris, mais attention, pas le *Hérisson* ou *Jours de France*, des vrais journaux, comme *Libération* ou *Chiapacan* (*Libération* et *Le Figaro*, mais chacun sa culture) » (CAR).

Chichette (chichinette)

❏ ❖ A l'origine de ce nom féminin signifiant "ma chérie" ou "pimbêche", on trouve *chichi*, mot familier à consonance enfantine, qui désignait en provençal, de petits animaux (oiseaux ou insectes). Sa féminisation ajoute encore une nuance affective, surtout dans le mode de l'interpellation, à l'origine dévolue aux prostituées (BOU) : « T'ies libre, chichette, samedi soir ? » (Or.). Mais on sait que ce charmant petit oiseau peut cacher une chichiteuse, celle qui "fait des chichis", termes bien ancrés, eux, dans le français standard : « Qué maniérée c'te fille, une vraie chichette ! » (Or.).

Chichi

▼ ❏ ❖ Pour ce nom masculin désignant le "sexe de l'homme", la comparaison avec le gros beignet frit dénommé "chichi-frégi*" se passe de commentaire : « Les deux chauffeurs, i se sont chopé* le chichi grave, il a fallu appeler les flics » (Or.).

Chichi-frégi

● ❖ Dénomination du "beignet frit sucré" qui se vend dans la rue, dans les foires et fêtes foraines. Même utilisation érotique que pour le précédent : « Elle vendait des panisses/elle vendait des saucisses/elle vendait des chichi-frégis/j'ai un cornet à deux boules/qui fait déchaîner les foules/lâche un peu tes chichis-frégis/j'ai une glace à la viande/qui n'manque pas de surprendre » (QN).

Chichibelli

▼ ❑ ❖ Cette expression masculine, vient de l'ancien sens vestimentaire du provençal : "pan de chemise qui dépasse du pantalon", ou "morceau de tissu qu'on attache sur quelqu'un en manière de moquerie" : « Oh Méhu, toi t'y es pas un gandin, tu marches de biscanti* et t'y as le chichibelli ! » (QN). Mais elle peut désigner aussi une tenue ostentatoire faite pour épater son monde, pour frimer : « Y s'est nipé chichibelli, ô marquemal* pour un entretien d'embauche » (Or.).

Chichourle

❑ ❖ Très répandu, ce nom masculin désigne une "bosse", ou le "sexe de la femme". L'affectif et le sexuel dominent, en particulier en composition avec l'expression **fan de chichourle (chichoune)**. La *chichourle* est une sorte de jujube peu charnue, fruit sec aux vertus curatives de la dimension d'une olive que l'on achète principalement en cornets chez des marchands ambulants. Sa forme, sa petitesse le désignent comme un attribut sexuel féminin : « Amuse-toi bien chichourle et quand tu vois les nègres, tu fais le détour pour qu'ils te mangent pas ! » (CAU). Plus rarement, le mot est pris pour "giffle" : « Un vrai distributeur de chichourles, la porte tournante de l'hôtel » (Or.).

Chimique

❏ ◆ Issu du vocabulaire d'IAM au moment de la Guerre du Golfe (cf. lancer un scud*), l'expression **bombardement chimique** s'est imposée au-delà du groupe avec différentes nuances militaro-scatologiques : "chier à n'en plus finir" (IAM) ou encore "péter en rafales".

Choper

● ❖ Alors qu'en français non conventionnel, le terme s'arrête transitivement au sens de "prendre", d'"attraper", à Marseille, intransitif, il porte une nuance particulière de violence physique ou verbale (ou les deux !), avec le sens de "se disputer", "se battre" : « Je me suis chopé avec ma proprio pour une histoire de chauffage » (Or.) ; « Putain si je les chopais ces gonzes, je te leur fais comme au Christ, quatre pointes de 120 et en croix » (MER). On entend parfois dans certains groupes **achopper** : « Ils se sont achoppé en bas dans la cage » (Or.).

Choune

❏ ❖ Origine incertaine (romani ; tchouna, "fille" ou de l'arabe ?) pour ce nom féminin désignant le "sexe de la femme" et (la partie étant prise pour le tout) la "femme" soi-même ! Il peut avoir, en dehors du sens sexuel, une nuance affectueuse : « Combien je vous en mets, ma nine ? Bon poids, mon amour ! Et quoi d'autre, mon bébé ? C'est tout, ma mounine* ? Vingt minutes de cuisson, ma pacholette* ! A tantôt, ma choune ! » (VAL).

Chouner

❏ ❖ Verbe actif issu du provençal *chouno*, plongeon dans l'eau. Au sens propre, "noyer" ou "se noyer" : « Ça l'amuse de chouner sa sœur, mais elle, non » (Or.) La jeunesse marseillaise quand elle allait à la mer (c'est-à-dire à la plage) au Prado, aux Catalans sous le Pharo et surtout aux Pierres-Plates goûtait aux plaisirs gratuits de la baignade, comme jouer à se **faire chouner** (ROU). Au sens figuré, le verbe prend le sens "d'échouer lamentablement" : « Ce trimestre avec mes notes, j'ai chouné dans la Baltique » (Or.).

Chourmo (Tchourmo)

●◆ Ce nom féminin se caractérise par une floraison d'emplois nouveaux, comme une revanche salutaire sur le poids du négatif dont il a toujours été entaché. Certes, la sonorité rugueuse de sa coque s'enlève encore sur un vieux fond de "galère", puisque telle est l'origine de ce mot, aux résonances historiques frappées d'infamie : « Aux racines de chourmo, la chourme, la galère. Gamin, c'était une expression des quartiers que l'on utilisait dans ma famille italienne. La galère, la vie de galérien » (IZZ) ; « Le bleu d'hiver sur planète Mars, il arrive même à t'ensoleiller la chourmo » (PdM). Mais par un renversement ironique de son champ de déshonneur, il évoque désormais l'effort de solidarité qu'une communauté, "équipe" ou "bande" se donne pour dépasser son exclusion et créer, euphoriquement, les conditions de sa survie : « Car voyez-vous dans la vie, seul on ne va pas loin. Chourmo c'est comme ça que se nomme le posse* » (Mss). La valeur emblématique du terme culmine dans la création, pour les besoins d'une chanson du Massilia, d'un contre-OM, équipe de foot de galériens qui jouent avec leurs propres règles (!), le *Chourmo football Club* : « Connais-tu le C.F.C/Chourmo Football Club ?/Du ballon c'est des fêlés,/Ils jouent sur du verre pilé,/Le cauchemar de la Fédé ! » (Mss).

Par extension, le nom (au féminin comme au masculin) devient la dénomination identitaire d'un membre de bande : « Les DJ'S sont toujours très chauds, ils font bouléguer les Chourmettes, ils font bouléguer les

Chourmos » (Mss), ou porteur d'un élément de filiation : « Cette année, pour moi ça a été le bonheur, je suis devenu le papa d'une phocéenne chourmette » (PdM). On assiste actuellement au développement de son usage comme signe de reconnaissance de la tribu, équivalent "d'Aïoli sur vous !*" : « Tchourmo ! » (PdM).

Ecoutons J.C. Izzo, auteur d'un moderne *Chourmo*, décliner la nouvelle sensibilité du mot : « C'est avec bonheur que les supporters de l'OM ont donné ce titre à leur bulletin de liaison et j'aime bien l'évolution du sens de l'expression : se mêler des affaires des autres. Ce qui veut dire solidarité, l'intérêt que les autres vous portent et que vous leur rendez. *Chourmo* est une expression marseillaise exclusive : ce désir d'être ensemble qui rend notre ville exemplaire. Tous ensemble ». En un mot comme en cent, *chourmo* revient de loin !

Chtebeuh

❏ ◆ Créé par IAM qui donne au terme le sens de "rencontre violente de deux solides", sans doute par abrègement de l'expression "j'te bourre la gueule !" et entendu dans quelques sorties (stade, parking de boîtes de nuit...) : « Putain de chtebeuh hier soir au match, c'était trop bon, con, de se faire les Ultras, dommage que tu as raté, trop drôle, fada ! » (Or.).

Ciao (Tchao)

● ❖ Le célébrissime italianisme *Ciao* signifiant "A bientôt" est à la base de nombreuses expressions. La plus fréquente, **A ciao** : « A ciao, les Chouas et les Zè ! » (Or.). Existe aussi une forme à l'initiale sonore renforcée, **Alleah Ciao** : « Alléah ciao, conservez-vous ! » (Or.).

On trouve aussi l'équivalent **A plus**, (à l'écrit : A+), abrègement de "A plus tard". L'expression **Ciao et scooter** pour "au revoir, je m'en vais vite" est plus rare d'emploi. On connaît la popularité du scooter parmi les jeunes générations ; sa facilité d'utilisation, sa maniabilité peuvent nominalement rendre l'engin consubstantiel de l'expression d'un départ précipité : « Ciao et scooter, pas envie de me faire exécuter en rentrant ! » (Or.).

Cigales

❑ ◆ L'expression métaphorique **à portée de cigales** a le sens de "tout près", "à proximité". N'en déplaise à ceux qui ne verraient dans le parler marseillais que vulgarité, la poésie, sinon la grâce, peuvent orner le langage. De l'incontournable cigale, dont on pensait bien avoir épuisé les charmes lancinants, on retiendra sa propension à gommer la distance entre les êtres, établissant alors entre eux un pont sonore et paresseux propice à une convivialité toute méridionale : « Aix, c'est pas Marseille, même si c'est à portée de cigales » (PdM).

CIM

❑ ◆ Quand la carte d'identité nationale devient la CIM, sigle pour "carte d'identité marseillaise", c'est qu'elle a une propriété particulière de naturaliser, d'authentifier son porteur comme Marseillais, ce qui est bien utile pour les exilés de la diaspora ! Mais est-ce bien juridiquement correct ?.. : « Le pari de Marseille, c'est le site pour surfer sur la CIM » (PdM).

Claver

❑ ❖ Le verbe appartient à une famille qui exprime la fermeture, en français standard comme en provençal *clau*. *Claver* n'est plus utilisé au sens propre pour "fermer à clé" mais au figuré, comme équivalent du familier "la fermer", que cette action soit volontaire ou forcée : « Tu peux te la claver un moment ? » (Or.). Le sens de "donner sa langue au chat" (de *clavi*, "je me rends") est vieilli : « C'est bon, là, je clave » (Or.).

Cœur

❏ ◆ Employé métaphoriquement dans l'expression **le cœur du poulet**, pour désigner le "haschisch", et plus généralement comme synonyme d'"extraordinaire", "ce qu'il y a de meilleur", **c'est le cœur** : « Tire mon bon, le cœur du poulet c'est que du bonheur ! » (Or.) ; « Les colléganous* de cette liste, c'est le cœur pour un pôvre exilé » (PdM).

Collègue

● ◆ Le marseillais a retiré à ce nom masculin son sens de "celui qui remplit la même fonction" pour lui donner une démarche d'apostrophe conviviale. Le *collègue*, c'est "le copain", "l'ami" parfois : « Tu vas voir, collègue, ce qu'est ma nation » (Mss) ; « En novembre, mon collègue, sur la Canebière avec mistral, tu roules pas la vitre ouverte, surtout pour téléphoner... Que de la frime, ce mec... Que de la frime... » (CAR). Très souvent aussi, il opère comme simple apostrophe dans la conversation, synonyme d'"ami" sans présupposé de familiarité : « Je ne vous permets pas de me tutoyer, monsieur. – Comme tu veux, mon collègue ! » (CAR). Plus rarement, il signifie par euphémisme, un état de proximité spirituelle entre les êtres et les choses ; symbiose musicale : « Le reggae, c'est mon collègue/toute la vie, il me garde actif/Le reggae, c'est mon collègue/sur mon chemin, il me fait danser » (Mss), ou mode de vie : « Moi et la nuit marseillaise, on est bien trop collègues, on n'arrive pas à se quitter » (UCC). L'apostrophe de bistrot **un café pour mon collègue !**, imaginée par IAM, destinée à interrompre une conversation qui traînerait en longueur désigne un "radoteur" : « Paye et on se tire, y'a ce con de café pour mon collègue qui nous a repéré, vé le qui nous mate ! » (Or.)

Collision orthographique autant que sonore, la dénomination **colléganous** employé au singulier comme au pluriel ajoute un blason supplémentaire à l'ensemble déjà vaste des catégories de Marseillais : « Depuis que je l'ai emmenée une collèganous voir Marseille-Metz (avant elle détestait le foot), maintenant, elle est complètement accro et elle vient voir les matches avec moi » (Liste IAM).

Commission

❑ ◆ Il ne faut surtout pas confondre ce terme avec une activité commerciale ni avec une quelconque rémunération. Ce nom féminin, employé au singulier ou au pluriel, est une application du sens primitif de "charge à accomplir" à un produit indigne, les "excréments" désigné ainsi par euphémisme. Encore que l'association entre l'argent et la défécation ne soit pas pour déplaire aux savants psychanalystes... : « J'ai bien fait d'y aller, c'était la grosse commission ! » (Or.).

Con

● ◆ Ce nom et adjectif aujourd'hui très académiquement présent dans les dictionnaires du français national entre dans la composition de plusieurs injures marseillaises. D'abord, l'expression **con de tes os** : « La mère Benali, con de ses os, si jamais demain un pizzaïolo ambulant vient s'installer dans la cité, la mère Benali se demerdera pour faire monter le camion-pizza dans sa chambre » (CAR). L'injure qui touche la carcasse du corps humain a quelque chose d'irréparable. Si on peut modifier son caractère, ses muscles, l'apparence de son corps, en revanche il est bien injuste, car irrémédiable, de se faire insulter sur son squelette ! : « Les enfants avaient tellement l'habitude de se faire traiter comme des chiens (...) que leur susceptibilité, même sous des avalanches de rires, de molards*, de putain de ta mère et de con de tes os, touchait au paroxysme » (VAL).

L'insulte est encore plus spectaculaire lorsqu'elle met en cause le personnage sacré de la tradition méditerranéenne dans l'expression **con de ta mère** : « Con de ta mère, bout de gnoule, planque toi vite ! Les flics sont chez toi depuis une heure, à tout fouiller. Ils ont tout cassé » (CAR). Famille entière et race ne sont pas épargnés : « Qui ti'es ? Con de ta sœur !... Con de ta race, comment ti'as fais ça ? » (CAR).

L'expression méprisante **con à la voile**, pour "abruti", est un possible emprunt à l'italien (*con la vela*) dessinant la route suivie par certains immigrés venus à Marseille à la voile et par mer en longeant la côte. Les individus dont l'injure porte la mention "à la voile", semblent prédestinés à naviguer sur des océans de bêtise. Par gros temps et par une nuit sans étoiles, on peut légitimement craindre pour leur avenir. Bien entendu il ne s'en trouve pas un seul à Marseille ! : « L'est pas de la Martiale, c'est un con à la voile » (REN).

Toujours dans le registre de l'injure, l'expression **con sur un siéton** exprime par métaphore la platitude absolue d'un cerveau borné (le *siéton* est une soucoupe) : « Le vrai con sur un siéton, B. ! » (Or.).

A la différence de ces expressions injurieuses, **con de Manon** marque simplement la surprise, "bonté divine" : « Ouh con de Manon, un cul pareil ! » (Or.).

Cône

❏ ◆ Ce nom masculin prend le sens de "cigarette de haschich", "joint", "pétard". La forme géométrique de l'engin qui désigne par euphémisme un fond difficilement nommable, puisqu'il s'agit d'un produit illicite, donne à penser que nous sommes en présence d'un augmentatif de la cigarette de base. Au train où vont les choses, peut-être finira-t-on un jour par voir fumer des troncs ?... : « Ça te branche de tirer sur un cône, histoire de rigoler ? » (Vé).

Coquin de sort

● ◆ Cette locution, estampillée comme "sudiste" dans les dictionnaires nationaux, est toujours en usage, mais le sens propre de "que le sort est malin !" a complètement disparu (s'il a jamais existé) au profit d'une expression qui traduit généralement une réaction de surprise face à un événement inattendu : « O, coquin de sort, il a levé ma boule au carreau ; s'il frappe la deuxième, je suis bon pour la tournée ! » (Or.).

Coquinasse

❑ ◆ La coquine réagrémentée du suffixe "-asse" marseillais en superlatif désigne une "allumeuse" ou en péjoratif une "traînée" : « Les coquinasses de moins de quinze ans, plus touche avec les nouvelles lois ! » (Or.).

Coucourde (cougourde)

❑ ❖ Ce nom féminin d'origine provençale n'est plus pris au sens propre de "courge" mais au figuré, pour "abruti", "tête vide" : « Celui qui n'a rien dans la coucourde, eh bé, ce sera jamais un joueur » (CAU). Le saut est facile de la cucurbitacée à tige rampante, au nom si sonore, de résonance presque enfantine, à la tête, et de celle-ci à ce qui se trouve ou non à l'intérieur ! : « Elle est sourde comme une coucourde la voisine » (Or.).

Couffe

❑ ❖ Du provençal *couffo*, "grand cabas" mais aussi "bêtise", ce nom féminin s'emploie comme synonyme moins vulgaire de cagade* ; il équivaut au standard "gaffe", "bourde" : « T'ias vu la méga-couffe du journal ce matin, 18 000 gagnants au jeu pour une Mégane ? – Vouéï*, avec un peu de bol, t'i auras droit à l'ampoule du feu arrière ! » (Or.).

Couillèti

❏ ❖ Nom masculin au sens de "Gentil petit crétin occasionnel". Ce diminutif presque affectueux de "couillon"* ne s'attribue que dans les cas bénins d'erreur, de bêtise, de naïveté : « Qué couilletti, celui-là ! il veut lui faire plaisir mais pas la baiser ! tu lui as acheté des sucettes, alors ? » (BLA). Il ne saurait en aucun cas traduire une "jobardise" grave et définitive : « Tu t'es fait refiler une fausse pièce de 10 F, ô couillèti » (Or.).

Couillon

● ❖ Particulièrement fréquent, ce nom masculin est le plus illustre des membres de la grande famille des termes marseillais synonymes "d'idiot", perçu comme un état : « Il est resté couillon depuis la maternelle » (Or.). On le rencontre aussi pour "insensé" : « Mais écoute moi/car je ne suis pas un couillon/Je te parle avec sagesse/je te parle avec raison. » (Mss).

Côté rue ou côté salon, il est le plus fréquemment employé sans agressivité, souvent comme une apostrophe condescendante : « Et les hameçons ? Parce que le poisson marseillais, Môssieur, c'est un finaud. Il te voit venir de loin et alors, couillon tu es, couillon tu restes » (MOR). Par euphémisme, le terme désigne un "gentil benêt" : « Quand on est amoureux, j'ai dit, on n'est jamais con, on a juste l'air couillon » (BLA).

L'expression **les couillons vont à la ville**, qui accueille des propos ou des gestes inutiles (ROU), ou pour désigner un "petit malin" (BOU) est encore d'usage. Les faits et gestes du couillon constituent des **couillonnades**, "petites ou grosses bêtises" : « Si tu ressembles pas à un de ces culs sucrés qui jouent dans les films ou qui chantent des couillonnades, elles te regardent pas » (BLA). De facture moins classique, l'expression **avoir les couillons à l'envers** a le sens "d'être de mauvaise humeur".

Counas (couillonas)

❏ ❖ Augmentatifs péjoratifs de con et de couillon, passés du provençal au français, ces mots constituent des injures graves à l'encontre de quelqu'un : « A lui, je lui parle plus, c'est un complet counas ! » (Or.) ; « Il en est bien capable ce couillonas » (COU). En composition, le provençal employait l'expression **couillonas quant teï vi** pour désigner un "m'as-tu vu".

Courrentille

❏ ❖ ▼ Nom féminin issu du provençal *courrentiho* qui au sens propre désigne un "grand filet flottant" et au figuré, seul usage encore établi, une "fille qui aime à courir" : « Laisse-la tomber, c'est une courrentille comme sa mère ! » (Or.). On peut penser que la persistance de l'emploi du terme tient à sa proximité avec son synonyme en français standard, "coureuse".

Cousin

● ◆ A Marseille aujourd'hui, dans le langage des jeunes, le cousin ou la cousine ne sont plus obligatoirement un membre de la famille, ni un indic de police dans l'argot du métier, mais un "frère" ou une "frangine", un "collègue"*, quelqu'un de proche...et plus, si affinités : « Comme dans une limousine 10 places le bar à volonté, sortons dehors cousine, concluons la soirée » (Up.). *Cousins* et *cousines* se fréquentent de gré ou de force au balèti* : « Ô cousine, tu danses ou je t'explose ! » (IAM) ; « De longue* les prétendants qui font danser les cousines. Mais lâche-toi cousin, fais disjoncter ton Karma » (H). On retrouve ici, avec une surprise délicieuse, une très ancienne et très noble distinction, quand le roi de France appelait *mon cousin* un proche dignitaire du royaume. Majesté du langage marseillais !

Cramé

❏ ◆ Ce nom masculin, emprunté à l'argot mais qui existe aussi en provençal avec le sens de "brûler", désigne un "Arabe" et plus généralement un membre de la catégorie des "prêts à tout", spécialisés dans les engatzes* dangereuses. Le terme ne procède pas seulement d'une analogie à caractère xénophobe entre la couleur du brûlé et de la peau : en argot, "être brûlé", c'est être "compromis définitivement" : « Les cramés, t'en verras pas dans cette boîte » (Or.) ; « Un Kramé qui a le portable, c'est le boss des boss ! » (Or.).

Crapuleux (Krapuleux)

❏ ◆ Cet adjectif employé nominalement pour désigner un "type particulier de Marseillais un peu gavroche fêtard, vivant en bande et à la tenue caractéristique" (synonyme "racaille") est en fait un affaiblissement du sens français traditionnel. Le *crapuleux* ou la *crapuleuse* marseillais ne sont pas bien méchants ; ils portent Lacoste et Façonnable (le top), Jézéquel et Sébagos, obtenus parfois par "débrouillardise" (en affaire*) et déambulent bruyamment dans les rues : « Vé*, les crapuleux qui remontent la Canebière, on se dirait dans un film ! » (Or.) ; « Les Krapuleux, c'est De Niro et Al Pacino, i connaissent rien d'autre » (Or.). Leur importance réelle ou fantasmatique peut se mesurer à la majuscule qui ouvre leur nom dans les textes très récents : « Je balade et toutes les Krapuleuses aiment me brancher » ; « Oh c'était pas toi la dernière fois qui s'était embrouillé ? » (Up.) ; « Car tu sais les Krapuleux transformés en chauve-souris finiront bien par venir du côté de chez vos gad(j)ies* » (Up.). Ils sont un « K » dans le paysage marseillais !

Crassous

❑ ❖ Il fut un temps où, en bon usage français, le désobligeant "crasseux" désignait un misérable doublé d'un avare sordide ; le marseillais contemporain, sous une finale encore plus sonore (suffixe provençal), retrouve ce sens disparu dans ce nom ou adjectif signifiant "avare" : « Et avec ça crassous que c'est pas possible ! » (Or.).

Bel alliage de langue aussi que la dénomination de **crassous man**, nom et adjectif employé par les jeunes pour une personne "sale, négligée" : « Le zonard, c'est pas un crassous man comme les clodos, ça se lave, ça fait pas les poubelles » (Or.). Et c'est de lui qu'on dira qu'il **sent le tifis**, terme emprunté à l'arabe, pour "sentir mauvais".

Crier

● ◆ Ce verbe est employé dans le sens de "gronder" qu'il tient du provençal. L'emploi transitif, pour "réprimander vertement", est fréquent à Marseille : « Ma mère, elle va me crier si je rentre pas maintenant » (Or.).

Croire

❑ ❖ **Se (s'en) croire**, directement issu du provençal *s'en creire*, est un verbe pronominal qui signifie "être vaniteux", "frimer". Il a conservé dans le parler contemporain sa tonalité péjorative : « Vé qui se croit, le fifre*, sur son booster jaune caca ! » (Or.). (Voir Encroire*)

Croix

● ◆ Nom féminin qui prend une nuance de sens supplémentaire à Marseille par rapport à l'argot en ne désignant plus un "imbécile ignorant" mais une "personne pénible", "insupportable". De la signification initiale de douleur et de tourment liés à l'évocation de la croix (symbole christique) qui a largement donné lieu en français à production de locutions et proverbes, le marseillais a construit un qualificatif de personne embarrassante : « Son mari, il est de plus en plus croix avec l'âge » (Or.).

Croquant

❏ ❖ Ce nom est issu du provençal *croucant,* "paysan", passé en français classique pour désigner péjorativement les paysans pauvres, révoltés qui pillaient et rançonnaient. Le terme s'est progressivement folklorisé, restreint à l'usage littéraire ou régional (on se souvient du tonique essai de C. Duneton, *Parler croquant).* A Marseille, son emploi récent chez les jeunes emprunte à la signification provençale pour devenir synonyme d'"avare". Il faut savoir que *crouca,* à l'origine du nom, vient de "croc", et il est bien difficile de faire lâcher prise à un chien qui a planté ses crocs : « Un *croquant,* c'est quelqu'un qui ne donne pas, qui ne lâche rien » (Or.) ; « Mande lui rien, c'est un croquant de première » (Or.).

Cul

❏ ◆ Si le "derrière humain" est en français très productif de locutions familières, le marseillais y ajoute son imposante contribution.

❏ ◆ **Avoir le cul comme la porte d'Aix** désigne à la fois un "postérieur imposant" et, la partie étant prise pour le tout, une "fille facile". La porte d'Aix, au nord de Marseille n'a certes pas la grandeur de l'Arc de triomphe de l'Etoile à Paris. Toutefois sa dimension respectable a donné lieu à plaisanterie grivoise : « Ta sœur, elle a le cul comme la Porte d'Aix, c'est pour ça qu'y a bouchon à la sortie de l'autoroute ! » (Or.). Synonyme : "tafanari"*.

● ◆ **Avoir le cul bordé d'anchois** est une expression signifiant "avoir de la chance". L'image de l'anchois peut descendre des yeux et aborder les zones postérieures du corps, mais avec un changement de ton ; ici la langue "positive", comme on dit en jargon commercial : « C'est pas vrai, il a le cul bordé d'anchois au Tac au Tac ! » (Or.). Synonyme : "cul bordé de nouilles".

● ◆ Chez les jeunes, l'expression verbale **casser le cul** n'a pas la connotation sexuelle que lui attribuerait les boutis* mais signifie "recevoir des coups" : « O le bouffon, va te cacher plein gaz, avant que je te casse le cul » (Or.)

D

Dache

❏ ◆ Selon Bouvier, le nom est le patronyme d'un déménageur de la Belle-de-Mai qui, ayant changé de quartier et élu domicile à Endoume, se priva d'un coup de toute une clientèle estimant qu'il était parti au moins "au diable !", d'où l'expression toujours agacée : "aller ou envoyer à dache !", pour "aller, envoyer au bout du monde" : « T'i es fou toi, je risque pas de le présenter le CAPES, ils vont m'envoyer à dache ! » (Or.).

Damote

❏ ◆ Le suffixe "-ote" fait de ce nom féminin un dépréciatif pour désigner une "bourgeoise ridicule" (« Enlève le chapeau et la voilette, les petites damotes de la rue Paradis, on y tient pas chez nous » (Or.), qui fait montre d'une coquetterie un peu guindée et hors d'âge : « Vé Elisabeth, qu'on dirait la damote, avec son saquetti* ! » (Or.).

Dangereux

❏ ◆ Cet adjectif est employé dans le sens de "puissant" : « Et en exclusivité pour RMC, une interview de notre Charles d'amour, le dangereux Aznavour ! » (Or.) ; « J'ai bien aimé l'aïoli* monté par Gobi One Ke Jobi, le fils de Jet d'Aï, un aïoli très très dangereux » (Vé).

Darwa

❏ ❖ L'expression **foutre le halla** (hala, ralla), "foutre le bordel", formée sur l'arabe n'est pas seulement en usage à Marseille et s'entend largement dans le français des "técis" : « C'est mahman qui s'est mis au boulot/Pour mettre le ralla et faire leur fête aux mythos* » (H). Son synonyme **mettre (foutre, niquer) le darwa** est très vivant localement dans le parler des jeunes, supplantant le classique pati* provençal : « Attentat 2, c'est quand IAM i te met le darwa chez les jambons d'Aix » (Or.) ; « C'est bien gentil les lyrics et la mentalité à la « Niquons les Keufs-brûlons le gouvernement. – Foutons le darwa, mais personnellement même si le hi-hop cité ça défoule, je suis partisan d'un genre plus réfléchi » (Liste IAM).

Daube

❏ ◆ Ce nom féminin, dénomination au sens propre d'un "plat de viande en sauce accompagné de légumes", a un sens figuré d'usage très fréquent pour désigner une personne "grosse et moche" : « Sur son scooter, avec les fesses qui débordent, c'est la daube en plein » (Or.). La richesse nutritive du plat fait image avec une personne dont l'embonpoint est remarquable : « Voilà Bobus dans son costume de scène (débardeur, tiagues, et tatoos malabar), Mr. Jacques avec blaser bleu marine (à chaque concert, il réinvente la sudisette portative pour perdre un peu de daube » (SAR). L'augmentatif **daubasse** renchérit sans appel sur le discrédit.

Daurade

❏ ◆ Les usages de ce nom féminin désignant une variété de poisson renferment à la fois du négatif et du positif ; pour ce dernier, peut-être faut-il entendre dans le sens figuré de "belle fille", l'écho des origines méridionales du mot (dorer), le front dudit poisson étant souligné d'or en période de frai ? : « Les daurades, je ne peux pas m'empêcher de les siffler de ma place ! » (Or.) ; « Je pêche des daurades. Elle éclata de rire. A Marseille, une daurade c'est aussi une belle fille » (IZZ). Toujours au sens figuré, mais en négatif, une daurade désigne une personne "fainéante" : « Des daurades, on en veut pas sur le marché » (Or.).

Débonze

● ♦ Des néologismes du groupe IAM, l'un des plus diffusés est l'expression verbale **être débonze**, de formation mystérieuse même si l'on reconnaît le préfixe privatif "dé-" appliqué à "bonze", le contraire donc d'un état de sérénité, "défoncé, déchiré" à la drogue : « Chuis débonze, typiquement après absorption de substances en voie de dépénalisation et pour signifier qu'il faut même pas me demander d'allumer la télé ou de regarder par la fenêtre, sinon je m'écroule » (PdM). Comme pour son synonyme être flou* et par extension, toutes sortes de cause expliquent qu'une personne puisse « avoir la tête dans le cul, soit par la fatigue, soit par l'alcool, soit par un joint » (Liste IAM).

Décalquer

❏ ♦ Le sens propre du verbe rend compte d'un premier usage au figuré : "frapper, corriger" une personne, n'est ce pas d'une certaine manière "reproduire un modèle sur une surface contre laquelle il est appliqué" ? : « Je vais te décalquer ta tronche de sgueg*, que ta mère elle reconnaîtra plus l'original » (Or.). Le verbe prend une autre signification, "délirer sous l'action de la drogue", synonyme de déchirer* avec lequel il partage l'idée de dédoublement schizophrénique de la personnalité : « Etre décalqué, c'est trop courant chez mes potes, comme expression (et comme état... pétard de nous !) » (PdM).

Décamer

❏ ◆ L'origine de ce verbe au sens d'"éjaculer" pourrait être une altération du verbe *desquamer* usité en médecine pour désigner une chute de la partie superficielle de la peau, dérivé du latin squama (*escama*, en provençal) : pellicule, paillette : « Regarde-le L.P., à décamer sur son micro devant cette foule de bogues* ! » (Or.).

Déchirer

● ◆ Le verbe existe dans le parler des cités en dehors de Marseille, synonyme d'"être ivre". IAM, lui, emprunte au sens propre du verbe les idées de séparation, de division, de mise en pièces pour qualifier l'état d'une "personne dérangée", "prise de folie" ("ayant pété un câble") et donc, au figuré, hors d'elle-même dans l'expression **être déchiré**. En diffusant hors du cercle des initiés, le sens s'est restreint, pour s'appliquer aux délires d'une personne sous l'effet de psychotropes : « Déchiré comme j'ai été pendant des années, je veux plus, fada, voilà » (Or.).

Dégun

● ❖ Avec le temps, ce vieux mot provençal au sens de "personne" a pris de l'étoffe, du grain. Sa brièveté, sa sonorité le rendent palpable en bouche. Sa popularité s'est accrue et ses significations se sont diversifiées. Il est d'abord un pronom indéfini qui signe une absence, un vide : « Ils ont beau faire ce qu'ils veulent, des églises en forme de guitare électrique, des missels parfumés à la fraise, des hosties anchois-fromage, un nouveau catéchisme tous les deux ans, y a plus dégun qui y va dans les églises » (CAR) ; « Il a salué dégun le Parisien quand il est remonté dedans son TGV » (REN). Mais si l'on en croit certains, ce rien, ce personne absent à l'histoire, peut devenir quelqu'un : « Tout le monde dit "dégun", par opposition à quelqu'un, je suppose » (THO). Un retournement de situation, de ceux qui transforment en destin les existences blafardes, qui font exister le néant, peut ennoblir la définition, rendre propre ce qui n'est que commun : « Frankie Dégun est assis sur la margelle qui surplombe le puits sans fond qu'est Marseille. Une cigarette rougeoie dans la nuit, éclaire comme une dérisoire lampe de poche les destins sans lendemain des habitants des quartiers, des cakes*, des mafres*, des mias*, des chapacans*, des fans de chichourne*, des pébrons*, des tchoutches*, des colléganous*, des cagoles* et des nines*, de tous ces gens qui sont Frankie et moi » (THO). Et l'on peut encore sur le vide des apparences, entonner un hymne d'amour à sa ville : « Si y'a dégun, y'a personne, on chante pour Mars la Mama » (H). Elevons-nous alors jusqu'à sa plus haute expression et l'on parvient à la puissance occulte, à la force sans visage ; c'est le chef, le pouvoir, c'est Dieu que l'on évoque : « Le Grand Dégun tient tout le monde sous son emprise. Même les dealers flippent sur leur marchandise » (Mss). Chez les jeunes, le mot est l'un des rares à être verlanisé, **gundé**, preuve encore une fois de son succès.

Dékère

❏ ◆ Par détournement du sens militaro-scoutiste (*être d'équerre*, c'est ce tenir parfaitement droit, cf. *un lit d'équerre*), cet adjectif en marseillais désigne une personne "ivre" ou "à l'esprit tordu" : « Ti es dékère, ça veut dire "complètement plein", "torché" (PdM). Autre sens plus rare : "raide mort" : « Ça m'a laissé dékère ! » (Or.).

Déparler

❏ ❖ ▼ C'est la signification de "parler de travers", "déraisonner" du provençal qui s'est imposée pour ce verbe au détriment du sens de l'ancien français, "médire", "railler" : « D'être resté trop longtemps loin des calanques, de l'OM et des collègues* de Mazargues, ça explique que j'ai pas arrêté de déparler sur cette liste, mais maintenant, c'est fini, je reviens ! » (PdM) ; « Mon beau, c'est pas parler ça. C'est déparler. Vé*, j'ai pas cassé du boche pour entendre tes conneries » (IZZ).

Destrussi (destrucci)

● ❖ Ce nom masculin a gardé les différents sens du provençal *destrussi,* "destructeur", "démon", "enfant qui ne se plaît qu'à détruire", "quelqu'un qui frippe ses habits". On l'emploiera pour parler d'une "personne peu soigneuse" : « Putain, le costume, Amédée... Tu es un vrai destrussi, tu as vu dans quel état tu l'as mis le costume du mariage ? » (CAR). Ou encore d'un "casseur" : « Ya que des destrussis de ce bord du quartier » (Or.). C'est un terme qui affiche une étonnante vitalité et concurrence fortement l'anglomaniaque "destroy". Il obtient, ce que peu de ses pairs acquièrent, l'insigne honneur d'être élevé à la dignité de nom propre : « Té*, voilà le lâcheur ! Le sans-figure ! La raclure de jujube* ! s'écria Destrussi en le voyant » (COU).

Digue

❏ ❖ Apostrophe adaptée du provençal *digo* (dire) à l'impératif, "dis donc", fréquent pour appuyer les débuts de phrases : « Digue, tu prends ton père pour un djobi* ou quoi ? » (Or.) ; « Hé, digue ! Tu serais bien brave* de le monter dans ma chambre » (COU).

Djedje (djédji)

❏ ❖ De forte sonorité et très péjoratif, ce nom masculin au sens de "simplet", se démarque de fada* et renchérit sur ravi* : « Espinasse aura votre peau, bande de djédji » (COU) ; « On me prendra pour Lou Ravi... Pour le djedje de service ! » (CAR).

Djobi (jobi)

● ◆ Le mot *job* ("niais, nigaud") qui apparaît dans le français de la Renaissance a donné au XIXe siècle *jobard* et plus récemment *jobastre, jobri* et sa variante marseillaise *djobi* . Le nom masculin et adjectif a la sens de "fou furieux" : « De longue*, il est devenu djobi, il ferait bien d'aller se soigner » (Or.) ; « Ques' tu l'écoutes ce djobi, allez viens, aaaah ! » (Or.).

Doigts

● ◆ Le **pôvre de lui** qui ne peut même pas se payer la boîte de Kleenex, l'enfant dédaigneux du mouchoir amoureusement repassé, plié, et placé dans la poche par maman n'hésitent pas à user des organes préhenseurs à tout fin naso-libératoire et donc à **se moucher avec les doigts**. Au contraire, celui qui "ne regarde pas à dépense", qui "a les moyens" préférera le tissu à motifs, à carreaux ou à rayures pour soulager son appendice congestionné : « Ô, Paulo, y se mouche pas avec les doigts depuis qu'i s'est mis avec la patronne ! » (Or.) L'expression s'applique aussi au parvenu qui "fait le riche" : « Des chaussures en croco ? tu te mouches pas avec les doigts, toi ! » (Or).

Duber (dubber)

❏ ◆ Ce verbe emprunté à l'anglais (to dub, "composer") qui s'est d'abord appliqué à l'activité musicale des groupes de la sphère jamaïcaine, raggamuffin et autres rastafariens émules du roi Bob, désigne aujourd'hui encore la pratique des DJ, maîtres-officiants des « raves parties ». L'usage du verbe s'est étendu au-delà de l'univers musical, prenant les différents sens du français "composer". Quand il est difficile de trouver en famille un terrain d'entente, on ne compose pas [d'autres diraient « y'a pas d'arrangements » (Mss)] : « Dubber avec mon père, ça peut pas marcher. » (Or.).

L'idée d'assemblage harmonieux ou d'originalité que porte le verbe explique son emploi comme synonyme de "mélanger les cultures" : « *Vé* , une publication de l'association Massilia dub : association pour favoriser l'expression artistique des différentes communautés de Marseille, pour dubber les expressions et les cultures » (Vé).

Dzo

❑ ❖ Exclamation en emploi chez les Arméniens, "Voyons !", "que me dis-tu ?" qui a diffusé pour grossir l'honorable famille des parasites langagiers destinés à rythmer les conversations : « Déjà trois ans la petite, qu'est ce que tu me dis, dzo ! » (Or.).

E

Emboucan

❏ ◆ Si l'argot national connaît le verbe *emboucaner,* pour "sentir très mauvais", "ennuyer", "empoisonner" et *emboucaneur* comme synonyme d'"empoisonneur", le marseillais lui préfère un raccourci du verbe, le nom masculin *emboucan* pour désigner le "casse-pieds" : « Les pébrons, les conos, les emboucans, je les mitraille » (Mss) ; « Bien décidés à massacrer les trompettes* et les emboucans, les B.Boys préparent une maquette aux crabes Studio et s'apprêtent à affronter cet été leurs collègues* de N.Y. » (Vé). Le nom masculin **boucan** désigne aussi une "fille vulgaire", une sorte de cagole* mais peut aussi s'appliquer à un homme s'il tient de l'arapède* : « Ta sœur le boucan qu'elle est ventouse man, parole, à me zoomer mon mari ! » (Or.).

Embouligue (ambouligue)

❏ ◆ Nom masculin qui tient son origine du provençal *embourigo,* le "nombril", que certains s'obstinent encore à confondre avec "l'estomac" : « Cette macaronade, je la sens qu'elle va me rester sur l'ambouligue » (Or.). Comme son équivalent français, le mot au figuré entre dans l'expression qui désigne ironiquement une personne ayant tendance à se prendre pour le centre de l'univers : « C'est la gare de Perpignan, toi, l'embouligue du monde. » (Or.). Dans les crises de fou-rire, l'*embouligue* se comporte comme une membrane de tambourin, et entre en résonance jusqu'au point de rupture : « Sous chaque poule il y avait un œuf ! ce vieux dégoûtant il fait chauffer les œufs en les mettant sous le cul des poules. On a rigolé à se faire péter l'embouligue » (BLA). Du fait d'une proximité sonore évidente des termes, le sens provençal et celui, savant, du français "embolie" confluent dans l'*embouligue*, sommairement compris comme "coup de sang". Pagnol avait fait la fortune de ce jeu de mots dans la Trilogie (mort de Panisse).

Embroncher

❏ ❖ Si le français a conservé *broncher*, "trébucher" qui tient son origine du latin populaire, il a en revanche perdu *embronchier*, "se pencher en avant" attesté dès le XIe siècle dans la chanson de Roland. Le verbe provençal *embrouca* a pris dans le parler marseillais le sens du français *broncher*, pour "trébucher", "tomber à terre" : « Vé le, qui va embroncher la laisse du chien ! » (Or.). On le trouve aussi à la forme pronominale : « Le soir, sur la Corniche, tous les dix mètres tu t'embronches sur une canne à pêche » (Or.).

Encaper

● ❖ Du provençal, ce verbe a gardé le sens de "réussir", "tomber sur" avec l'idée d'être bien ou mal servi par le hasard (avoir encapé) : « Non, c'est pas vrai, je rigole, j'ai bien encapé comme mari. Y boit que l'après midi, déjà...» (Or.) ; « On va encaper du beau temps toute la journée, ils l'ont dit à FR3 » (Or.). On le rencontre aussi comme synonyme de "supporter" (« Merci bien, c'est moi que je vais l'encaper pendant la route » (Or.) et de "comprendre" : « Oh, Joséphine, tu as mal encapé ? » (CAR).

Enchaîner

❏ ◆ L'usage des jeunes explore les différentes nuances de sens du verbe en français commun. L'idée d'attachement, pour ce qui est des relations amoureuses, comme synonyme de "sortir avec", "séduire" : « J'ai décidé que lui, j'allais l'enchaîner vite fait, et voilà, c'est moi sa gadjie* » (Or.). La violence, aussi, s'exprime dans l'emploi du verbe dans le sens "frapper" : « Quand y'a filade, tu le verras jamais de reste pour enchaîner » (Or.).

Enclume

● ◆ Au sens figuré et par analogie de composition, ce nom féminin désigne une masse de bêtise contre laquelle les idées sont battues, autrement dit une "personne bornée" : « Ô, de qui c'est, l'enclume dans la GTI ? » (Or.). Toujours au figuré, dénomination d'une pièce destinée à recevoir un choc, "gorille", "garde du corps" et autre "gros bras" : « D'après mes calculs, les deux enclumes doivent être en train de descendre les escaliers quatre quatre » (CAR). On entend parfois l'augmentatif épais **enclumacho**.

Encroire

● ◆ Le provençal *s'encrèire* qui a le sens "d'être présomptueux, glorieux, vaniteux" est l'une des deux sources de ce verbe pronominal. Mais il peut s'agir aussi d'une variante marseillaise du verbe pronominal "se croire (quelqu'un)" qui, en français commun, signifie péjorativement "se considérer à tort comme", mais avec un degré supplémentaire dans l'expression de l'idée d'une mise en spectacle de la personne, "faire le fier", "parader" : « Comme il s'encroit, lui, y caguerait* pas comme tout le monde dés fois ? » (Or.). (Voir **se croire***).

Enféve

❏ ◆ Ce nom masculin et adjectif prend deux sens très différents. Pour le premier, on se souviendra de la Marie-Lou dont Gainsbourg aimait « les deux yeux, les seins et la fève ». Par analogie (est-il utile de préciser, de forme ?) et application à la partie masculine, on obtient une variante de l'insulte homosexuelle, "pédéraste" : « L'a payé l'apéro à tous ces enfévés, pas rancunier » (REN). L'autre sens, tout public celui-là, prend sa source dans la cérémonie du tirage des rois, qui voit le "chanceux" recevoir la part de galette contenant la fève cachée : « Quel enfévé, putain, qu'il vient encore de me la tirer de rabaille* (à la pétanque, bénéficier d'un rebond chanceux pour enlever une boule gênante) » (Or.).

Engambi

❏ ❖ Premier degré dans l'échelle des ennuis, ce nom masculin est employé par restriction du provençal où il a le sens de "détour", "difficulté", "croc en jambe". Autrefois très utilisé dans le langage des pêcheurs pour désigner les "embrouillages" des lignes de fond, le mot est passé dans l'usage courant comme synonyme de "petite embrouille" : « Courbis, il a mis l'engambi entre Gaudin et Dreyfus » (Or.) ; « L'univers sonore était un peu embrouillé. Il y avait eu engambi pour se faire rembourser les places parce que le directeur s'était fait virer juste avant » (CAR).

Engatse (angatze)

● ❖ Au Nord, l'air de Paris est chargé d'azote. Au Sud, celui de Marseille est saturé d'engatse : « Il règne dans Marseille une bonne tension naturelle : l'engatse. C'est presque un sport, l'engatse. Ici, les gens savent ce que c'est que d'avoir de la figure. Tu me diras ils peuvent la perdre aussi » (Vé). Cette "tension" est-elle liée à l'origine argotique italienne que Bouvier attribue au terme, désignant le "membre viril" ? Dans l'échelle des ennuis, le mot occupe différents degrés. Au plus bas et comme pour le provençal *enganche*, autre origine possible, c'est un terme général synonyme "d'embarras", "difficulté", "problème" : « Les finances de l'OM, c'est un moulon* d'engatses depuis bien avant Tapie » (Or.) ; « C'était le genre de la maison, les engatses » (IZZ) ; « Nous appellerons cette cité "Marseille" pour qu'il y ait pas d'engatse de comprenette pour dégun* » (CAR). Dans le registre des mots de la délinquance, il se situe au top et désigne la "très grosse embrouille" comme "l'affrontement violent" : « Sur le 29, l'engatse avec le chauffeur, elle a failli finir en sang » (Or.). On soulignera que ce nom masculin d'emploi peu fréquent dans le passé récent doit l'envolée actuelle de son usage au succès du roman policier marseillais : « Dés fois, Néné, il devrait faire attention à ce qu'il dit parce qu'un jour, il va y avoir du tracas avec les enfants du Maghreb... Je traduis pour ceux qui ont pas fait d'études : il va y avoir engatse avec les melons » (CAR).

Formé sur le précédent, le verbe pronominal **s'engatser** a le sens de "s'énerver, s'emporter" : « Alors, rasta, on vend du gazon (herbe) aux Rocky ? – T'engatse pas... je vais t'expliquer !! » (UCC).

Engrainer

❏ ✳ Le français commun a perdu engrener (parfois engrainer), terme technique d'agriculture signifiant engraisser avec du grain, le marseillais utilise encore ce verbe synonyme "d'amorcer", "appâter" qui se rencontre le plus souvent à la forme pronominale et au sens figuré de "prendre (se donner) de l'importance", "s'exciter" : « Au tambour de Cassis, il fallait deux sous pour l'engrainer, mais combien pour le faire cesser ? » (JEAN) ; « Vé* les mias* qui s'engrainent sur leurs Stratos » (Or.).

Enguer

❏ ❖ Terme d'origine arménienne, pour "ami" et qui a diffusé hors du cadre communautaire, sans doute comme synonyme de collègue* : « Enguer, tu ferais pas ça à un Corse, Karmème*! » (Or.)

Enraguer

❏ ❖ Emprunté au vocabulaire de la pêche où il a le sens d'"accrocher" (pour les hameçons de lignes dérivantes qui accrochent le fond), ce verbe pronominal d'origine provençale est aujourd'hui le plus fréquemment d'emploi figuré, dans le contexte d'une situation difficile, comme synonyme de "s'enliser", "s'enfoncer", "faire fausse route" : « Reste souple, ça arrive à tout le monde de s'enraguer avec une meuf » (Vé).

Ensoleiller

▼ ❏ ✻ Les provençalismes "soleillée" et "soleillade" (XIXe siècle) qui désignent le rayonnement et la lumière du soleil sont aujourd'hui sortis de l'usage, sauf encore pour le premier dans le jeu de boules, où l'expression « faites soleiller » est une réclamation adressée à quelqu'un qui couvre une boule à enlever (ROU). Le verbe pronominal *ensoleiller* avec le sens de "bronzer" ou "paresser" s'entend encore à Marseille : « Eh Madame, vous croyez qu'on s'ensoleille à l'halogène toute la journée à la caisse ? » (Or.).

Ensuquer

● ❖ Ce verbe d'origine provençale garde encore le sens d'"assommer, frapper sur la tête" : « Ensuque moi avec ton échelle, je te dirai rien ! » (Or.). Mais dominent dans l'usage des significations atténuées, "perdre partiellement ses esprits", "endormir" (par exemple sous l'effet de l'alcool ou du soleil) : « A Vitrolles, les municipaux, ils ont embarqué un type ensuqué qui sortait du dentiste pour ivresse ! » (Or.) ; « Il a ensuqué les alarmes, il a crevé les fenêtres comme des yeux » (COU).

Formé sur le verbe, le nom **ensuqué** désigne un "idiot", un "endormi" : « Eh ! Avance ! Ensuqué ! C'est pas la peine de rouler en Mercedes pour faire du 150 sur la file du milieu » (CAR).

Entrant

▼ ❑ ✻ En français classique et encore au XIXe siècle, l'adjectif issu du participe présent ne s'appliquait qu'aux choses avec le sens d'"insinuant, engageant". A Marseille, ce terme dont l'usage est en voie de marginalisation s'applique aux personnes, comme synonyme de "liant", "amical" : « Les îlotiers qui nous ont mis, i sont pas entrants avec les jeunes » (Or.).

Esbigner

● ❖ Ce verbe pronominal qui apparaît en français commun au milieu du XVIIIe siècle existe en provençal (qui semble l'avoir emprunté) avec le même sens de "décamper", "prendre la fuite", "s'en aller discrètement" : « Ne dis rien, je m'esbigne avant de piquer la crise » (Or.).

Escagasser

● ❖ Ce verbe issu du provençal en a gardé les différentes significations, "affaisser", "écraser", "aplatir" : « Cimenteries escagassées, grands murs même pas tagués, avec des inscriptions vieilles vieilles qui ressortent après la pluie » (MER).

Le sens figuré est d'emploi fréquent, tout comme la forme pronominale, avec le sens de "se donner du mal", "s'épuiser" : « Vé, je vais pas m'escagasser plus longtemps à t'expliquer comme tu dois y faire avec les hommes ! » (Or.) ; « Ils faisaient les marchés tous les matins entre la Treille et Carpiagne sur les hauts de la ville, lui s'escagassait pour quelques centimes » (CAU). Dans le discours, le verbe sert à marquer l'étonnement, avec le sens de "renverser", "bouleverser" (« Qu'il est parti si vite, ça m'escagasse », Or.), mais bien plus souvent, l'injure ou la menace : « Va te faire sucer l'œil par une guêpe, titan ! tu nous escagasses les essegourdes » (SAV).

Escaner

❑ ❖ Ce verbe n'est plus en usage au sens propre comme en provençal où il signifiait "étrangler", "étouffer". Au figuré, il est synonyme d'"abuser", "tromper" et par euphémisme, "d'emprunter" (plutôt définitivement !) : « Ils n'avaient pas volé, ils avaient "escané" » (DET) ; « Où y sont, les flics, hein, jamais là où il faudrait, juste bons à se faire les minots* qui escanent à Carrefour ! » (Or.).

Escaper

● ❖ Ceux qui rêvent de terre étrangère en contemplant les bateaux en transit, ceux qui cherchent l'oubli ou la sécurité dans la fuite d'une réalité noire ou dorée connaissent l'usage, le plus souvent pronominal, de ce verbe provençal qui a le sens de "fuir", "(s')échapper" : « Moi je rêve que de m'escaper de cette cité, aller vivre peinard en pavillon, ou même en appart mais seul, quoi, vivre sans les autres ! » (Or.) ; « Qu'est ce qu'on peut faire ? Il faudrait que je m'escape, mais comment vous voulez...» (MER).

L'interjection **escape (scappa !)** est une invite pressante au départ, "courage, fuyons !" : « Escape ! y a le vigile qui nous a repérés » (Or.). La consonance italianisée de **scappa** muscle le terme qui exprime en raccourci le conseil donné de fuir une situation périlleuse : « Scappa, je vais encore me faire mettre* par mon père ! » (Or.). Dans la même veine, **se scapper**, c'est "s'enfuir" ou "échapper à la réalité" : « Moi je me scappe à la Kro et je m'endors après sur l'escalier, c'est ça voilà, ma journée » (Or.).

Escate boarde

❏ ◆ Trouvaille sonore et orthographique pour méridionaliser la "planche à roulettes" *born in USA* : « Le must maintenant, c'est de se faire tirer par son chien sur l'escate boarde. Nous, même on fait des courses sur le parking, tu vois c'est à l'arbre qu'on tourne, au bout là » (PdM).

Escoundre

❏ ❖ Terme en usage dans l'imprécation empruntée au provençal, **aller s'escoundre** (variante, **aller se faire escoundre**) pour "aller se cacher" ou "aller au diable", autrefois très vivante sur les marchés où elle ponctuait les grosses colères entre vendeuses mal embouchées et clientes critiques sur la marchandise ou en quête de bada * : « Le Gros D., le Vé. G., qu'ils aillent tous se faire escoundre, je vote plus » (Or.)

Espérer

❏ ✳ L'usage marseillais du verbe conserve le sens d'"attendre" que le français commun a perdu au cours du XIXe siècle. S'il s'agit ainsi d'un terme vieilli et régional, on notera que l'équivalent provençal *espera* a lui aussi le sens d'"attendre" : « Allez, joue-la ta carte, qu'on t'espère là depuis une heure ! » (Or.).

Espincher

▼ ❏ ❖ Ce verbe d'origine provençale qui prend le sens d'"épier", a diffusé dans l'argot national. Dans l'usage marseillais actuel, l'idée de "guetter, regarder du coin de l'œil" s'atténue au profit de la signification plus neutre de "regarder" : « La voisine, elle se croit dans *Fenêtre sur Cour*, tout le temps à m'espincher, la pauvre, elle doit être déçue » (Or.) ; « Espinche par la fenêtre pour voir qui a sonné, que si c'est pas l'huissier, encore » (Or.) ; « Persiennes closes virées au gris, aux lames écaillées et pourries d'où les vieilles espinchaient souvent » (QN).

Espoutir

▼ ❑ ❖ Les significations de ce verbe provençal se sont restreintes dans l'usage actuel. Ce n'est que marginalement qu'il garde le sens de "rompre", "écraser" (les fruits *espoutis* du marché), ou dans le domaine de la santé de "démoli par la fatigue", "éreinté". On le rencontre le plus fréquemment comme synonyme de "tuer" : « Mais vous, enculés mondains, pourquoi vous l'avez pas espouti, ce rosbif ? » (BLA).

Esques

● ❖ Ce nom féminin est une variante du français *aiche* (*esche*) et désigne un appât pour la pêche, "vers de terre", "algues" : « Ravanelli, il avait des esques dans les jambes hier soir » (Or.) ; « Tu as bien vérifié tout ? Fais voir ce qu'ils t'ont refilé, ils ont vite fait de voir que tu es un estranger, et à toi les esques molles ! » (MOR).

Par extension du terme à la famille des crustacés et confusion des espèces, l'**esquinade** désigne, dans le langage de la pêche un "gros crabe" ou une "araignée de mer" : « Elle a les jambes comme une esquinade » (CAU).

Dans le domaine de l'habillement, un **chapeau pour faire boire les esques** était un "feutre informe", dénomination qui a disparu depuis que les hommes et les femmes vont tête nue ! Est apparu récemment dans l'usage un sens figuré issu de l'analogie entre l'animal et la personne : « Et pourquoi tu crois qu'on s'accroche tous comme des esques à cette putain de mairie ? » (CAR). Employé seul, le terme est synonyme d'"individu servile", "insaisissable" : « Tous les hommes politiques disent qu'ils veulent rester en contact avec la société, mais tu les regardes, c'est que des esques qui les entourent » (Or.).

Esquicher

● ❖ Régionalisme ancien (XVIIIe siècle), le verbe a diffusé en français commun avec le sens de "presser, comprimer" : « Au baletti*, ce qui compte d'abord, c'est un Mia* qui t'esquiche pas les pieds » (Or.) ; « Voilà, c'était ça l'explication, pas la peine de s'esquicher la comprenette, c'était pas bien difficile à deviner : elle se marierait pas avec lui, c'est tout » (CAUV). Dans l'usage actuel, le terme ne servira plus à désigner une personne "amaigrie" (« esquichée de maladie ») alors que domine le sens d'"écraser" : « Mais quoi faire exactement ? Lui tomber tous ensemble sur le paletot ? L'esquicher contre un mur ? » (BLA).

Dérivé du verbe, l'**esquichade** s'applique à une "foule comprimée dans un espace restreint" où les personnes ont tôt fait de cuire à l'étouffée ! « A Paris, le vendredi soir, c'est la véritable esquichade dans le RER direction Gare de Lyon » (Or.).

Estoufadou (estouffade)

● ❖ En provençal, le mot désignait un "étouffoir", un "lieu où l'on manque d'air". Dans l'usage actuel, le nom féminin et adjectif ne s'emploie plus que rarement en ce sens : « Ravanelli, ça va être une estouffade pour Toulouse, le 4 ! » (Or.). Il désigne le plus souvent une personne ou une chose qui provoque un "étouffement", "une lourdeur digestive" : « Ta pompe, c'est un véritable estoufadou. L'huile, tu as pas dû en mettre de trop » (Or.).

Le mot composé **estouffe garri**, synonyme du précédent, correspond plus précisément au français "étouffe chrétien", alors qu'a disparu **l'estouffe belle-mère**, terme désignant une variété de poison fort prisé des gendres : « Les explications de Juppé, elles sont toutes estouffe-garri, t'as jamais envie de les finir » (Or.).

Estoumagade (estomagade)

❑ ❖ Issu du provençal *estouma*, le nom féminin est synonyme de "frayeur", de "peur panique qui prend à l'estomac" : « On a filé sans calculer, ventre à terre, direction dehors. Jamais je ne me suis pris pareille estoumagade » (BLA). Chez les plus jeunes où l'on observe des frémissements d'emploi, la forme francisée domine : « Ça va que j'ai passé sans que les keufs y me demandent rien, mais con d'estomagade, alors » (Or.).

Estramasser

● ❖ Verbe issu du provençal où il s'applique à une chute avec le sens de "jeter à terre violemment, renverser", et à la forme pronominale de "tomber lourdement, brutalement", "s'étaler par terre" : « A fond sur le gravier et tu veux pas t'estramasser, toi ? » (Or.) ; « Excuse-toi de suite ou je t'estramasse ! hurla Darnagas » (COU). Le sens figuré connaît une vitalité particulière, pour désigner un état d'épuisement, de fatigue intense conduisant à l'abattement, synonyme de s'escagasser* : « Ta mère, elle s'estramasse pour vous faire vivre mais toi, l'argent, tu as jamais du mal à le jeter par les fenêtres » (Or.) ; « Qu'ai-je fait hier soir ? je ne me rappelle pas bien, je suis estramassé, je me sens vraiment loin » (Mss).

Estrambord

● ❖ Ce nom masculin issu du provençal désigne dès le XVIIIe siècle une "extravagance" puis par extension un "mouvement passionné", un "transport d'allégresse" que l'on retrouve jusque dans l'hymne de la *Coupo*

Santo. L'expression **faire un brave estrambord** pour "manifester joyeusement" comme la dénomination de **faiseur d'estrambord** appliquée à une personne qui manifeste un "enthousiasme joyeux et bruyant" prennent parfois une connotation péjorative. Le terme, pourtant, garde encore aujourd'hui son caractère d'attribut identitaire d'une méridionalité exubérante, débordante de vitalité et festive : « Moi je le connaissais : tout son estrambord, ça le faisait chaque fois retomber en piqué » (BLA) ; « Un Ultra [club de supporters du Virage Sud de l'OM] c'est quelqu'un qui met l'estrambord, pas que dans le stade, dans sa vie, partout » (Or.).

Estranciner

❑ ❖ Si aujourd'hui, on ne meurt plus spectaculairement d'**estranci**, de "souci" ou de "chagrin", le verbe *estranciner,* qui connaît une forme pronominale, garde une vitalité d'usage mais avec une évolution significative du sens. On le rencontre encore au sens propre pour "s'inquiéter, se faire du souci" : « Il s'estrancine pas trop, vaï*, n'aie pas peur... Il attrape pas la grosse fatigue » (CAU). C'est l'idée d'abattement qui explique l'évolution de l'usage actuel du verbe avec le sens d'"écraser" : « L'autocar, il s'est bien bien estranciné sur le pilier, on pourrait le garder pour le Musée César » (Or.) ; « Il me regarde comme un chat regarderait une souris qui vient de se faire estranciner par une tapette » (CAR).

Estrangers (estrangins)

● ❖ Les **estrangiés de foro**, "étrangers du dehors" ne sont plus aujourd'hui ces voyageurs découvrant la ville dans l'enchantement ou l'irritation. Le nom s'applique particulièrement aux diverses populations immigrées de la ville, avec toutes les nuances d'emploi, de la fraternité intégratrice au rejet méprisant : « Les estrangers, nous, on les voit pas, à Marseille. T'en connais, des Marseillais qui ont pas été multicolores un jour ? » (Or.). **Estrangin** a le mérite d'atténuer sans l'abolir la distance méprisante instaurée par le terme précédent, et ce par sa proximité sonore avec "frangin" ; "Frère étranger" plutôt que "frère menace" ? : « Quand tu parles de Marseille aux estrangins, c'est toujours le même refrain : ville impasse, sans avenir, avec plein de papiers gras dans les rues. I'zon rien pigé » (PdM).

Estrasser

● ❖ Ce verbe particulièrement en usage chez les Marseillais de « 7 à 77 ans », issu du provençal, s'emploie le plus souvent à la forme pronominale. Au propre, il a gardé le sens de "déchirer" ou de "salir", mais ne s'applique plus comme au XIXe siècle aux situations de mésalliance familiale : « La selle longue elle est tout'estrassée/les cacomanis (décalcomanies) i' sont tout' arrachés » (Folklore càcou).

Mais c'est sans conteste l'emploi figuré du pronominal qui domine, avec le sens de "rire aux larmes" : « Vé* les nénés des cagoles qui s'estrassent, on dirait les tambours du Bronx ! » (Or.) ; « Et d'autres jeunes qui s'estrassaient : alors, les Gavots vont à la ville ? » (BOU).

Formé sur le verbe, le nom féminin **estrasse**, d'abord "chiffon, vieille étoffe déchirée" au sens propre, connaît aussi un usage spécialisé comme dénomination de la "serpillière", "vieil habit usé destiné à la poubelle" ou par extension, sert à désigner une "vieillerie" : « T'entends rigoler ces connots, ils ont déchiré tes estrasses » (QN) ; « Ça vous ferait rien, mes beaux, de passer un petit coup d'estrasse sur la table à mamie ? » (Or.). Au sens figuré, appliqué péjorativement aux personnes, il désigne un "moins que rien" : « Bébert est retourné se péter la gueule à la Kronenbourg derrière la station-service, non sans avoir traité la fille de pauvre estrasse, sans plus de réaction de sa part, "estrasse" ne voulant strictement rien dire en flamand » (CAR). Son emploi comme nom propre vient renforcer la familiarité du terme : « L'Estrasse cligna de l'œil et sortit les verres de sous le comptoir » (CAU).

Estron

● ❖ C'est à une analogie de forme que l'on doit l'évolution scatologique du "tronçon" provençal en "excrément", ce nom masculin ayant acquis depuis longtemps ses lettres de noblesse dans l'argot national. Le groupe Quartiers Nord cisèle le terme dans une pure merveille de joaillerie zappatiste (Franck, de son prénom) avec l'album "Incrustés dans un WC" et son titre prêt à hurler : « Comme un estron fossiliséeeaahhh » (QN). Le terme désigne aussi péjorativement un "crétin", un "moins que rien" : « Je suis nouveau dans la liste et je me rends compte que je suis déjà écœuré des estrons qui se unsubscribe » (Liste IAM).

F

Fada
● ❖ L'un des termes les plus populaires du vocabulaire méridional au sens de "simplet", "passionné", tire son origine du commerce avec les fées, ce qui le rend très sympathique au départ (pour l'origine, cf. ECH) : « Oh, Méhu, écoute-moi fada et chante sous les toits tes odes au pastaga* » (QN). Le mot se rencontre aussi, mais plus rarement, au féminin, comme dans cette dénomination aujourd'hui disparue de l'une des multiples sociétés boulistes de l'entre-deux-guerres, « La boule fadade ». Les fées ayant cessé d'enchanter nos existences, le sens du nom et de l'adjectif a glissé vers une acception plus négative : "niais", "fou", "cinglé" : « Ma pauvre Léa, la pêche ça me le rend fada ! » (MOR). Certains, d'ailleurs, s'insurgent contre cette dérive du terme dans la folie : « Ils sont fadas et gentils à la fois » (Mss) ; « Fou mais pas fada » est le titre d'un album du groupe Quartiers Nord. Comme exclamatif, le terme exprime l'étonnement au sens fort : on sait que l'unité d'habitation construite à Marseille par l'architecte Le Corbusier a été longtemps qualifiée de « maison du fada ». On sait moins que la musique des jeunes d'aujourd'hui peut troubler bien des esprits : « Oui c'est le son, son des raggas et ainsi font, font ceux que le reggae rend fadas » (Mss). Fort heureusement, par une revanche salutaire des bonnes fées sur « l'esprit du poids », le fou de nos histoires peut devenir le « fou de »,

c'est-à-dire le « passionné pour » : « Fils de fada et fada de l'OM moi-même » ; « On est tous fadas de cette musique-là » (Mss). Il existe aussi un imprimé dénommé « Fada-zine », tandis que se concocte pour 1998 un *Opéra Fada*, en hommage à la cité de Marseille. Le passage au nom propre marque la consécration du terme : « Et toi, toujours chez ta sœur ? - non, non !! je suis à la rue Fada » (UCC).

Le **fadoli** apparaît fréquemment dans l'usage comme atténuation affectueuse du précédent, une sorte de *fada léger*, "quelqu'un de dérangé" : « Qu'es aco* ce fadoli ? Avé ses yeux de gobi*! » (REN) ; « Povera Francia, sone tutti fadoli ! » (HEI). Par extension, l'adjectif s'applique aux choses inhabituelles, déconcertantes : « Ton aïoli il est un peu fadoli, il manque d'aïl ! « (Or.).

Formée sur le nom, l'expression **parler le fada** est synonyme de "parler marseillais" : « A l'école, que même les profs i veulent pas, les minots* du quartier ils se parlent le fada ! » (Or.).

Les **commandos fada** sont des "bandes de joyeux drilles" : « Notre conseil à tous les Marseillais exilés : faisez des commandos fadas partout et... forza Massilia ! » (PdM) ; « Le Commando fada ne fait pas de quartier, il n'y a rien à faire, on ne peut l'arrêter. Pas de violence corporelle car la parole devient sacrée, mais pas de bla-bla avec le Commando fada » (Mss).

Faire

❏ ◆ Le verbe inhabituellement dénudé prend le sens d'"être" ou "rendre" pour marquer l'accomplissement de l'action : « Ça rassurera ma femme et ça vous fera gratuit pour la voiture » (C&A) : « En Allemagne, un Turc qui colle les couleurs turques sur sa voiture, ça le fait Turc » (Liste IAM). (cf. BOU pour "en faire", abrègement d'"en faire trop", rare d'usage).

Fan

● ❖ Cette réduction du mot "enfant" sert à tout à Marseille : d'exclamation de surprise, d'interjection dans des situations d'étonnement ou d'affolement, il accompagne les circonstances heureuses ou tristes ; c'est un mot-valise, qu'on pourrait traduire en français standard par "nom d'un chien !" : « Oh, fan ! ça serait pas le petit Léo que j'ai fait sauter sur mes genoux ? un garnement pareil, j'aurais cru qu'il finirait aux Baumettes (C&A) » ; « Ma fille, il peut l'attendre, fan ! » (BECK). On le trouve fréquemment en composition (cf. infra).

Fan de (chichourle, de lune, des pieds, de pute, de petan, de Loulo...)

● ❖ Expressions multi-usages dérivée de fan* : « Fan de lune, j'ai tellement été contente de trouver ce site que ça m'en a donné la larme à l'œil bonne meeeere ! » (PdM) ; « Fan de pied ! Y' a pas que moi dans cette embrouille ! » (COU) ; « Fan de pute ! dit-il en enfonçant la carte magnétique dans l'appareil » (QUE).

Fanny

❑ ❖ Dérivée de la forme verbale prise au jeu de boules, **baiser Fanny**, où, par un baiser symbolique et compensatoire très localisé, elle stigmatisait d'un joueur la piteuse performance de n'avoir pas marqué un point de toute la partie, l'expression s'est retournée sur elle-même et en (re)passant du figuré au propre de "cul" s'est fortement encanaillée : « Alléha ! pousse un peu ton baise-Fanny, qu'elle va me fermer dessus, la porte ! » (Or.). L'expression s'est glissée dans le vocabulaire du baby-foot : Fanny passe sous le baby* : le perdant, douloureusement privé de la consolation visée plus haut, en est réduit à passer sous le jeu.

Dans le langage des jeunes, **mettre fanny** c'est "ridiculiser" quelqu'un (« j'y ai mis Fanny » Or.). (Note : selon de récentes recherches, deux Fanny, consolatrices des boulomanes (a)battus auraient bel et bien existé ! (cf. *Le Grand Livre de la pétanque*).

Faro

❏ ◆ Nom masculin pour désigner un "éclaireur", mais aussi un "vaniteux". L'italien *faro* (du grec *pharos*) a été transcrit tel quel dans le vocabulaire local ; son sens premier de phare a été éclipsé au profit de la métaphore du "guide", de l'"éclaireur" (« Les farots de la Côte bleue »). Mais "faire le faro", c'est, péjorativement, se montrer vaniteux et arrogant.

Fatche, fatcho de (pizze, d'enti, de con, de putain, d'aï...)

● ❖ D'origine occitano-italienne (*faci/faccia* : visage, selon Bouvier-Martel), cette expression très répandue et bonne à tout dire (cf. Fan de...*), marque l'étonnement, la surprise ou l'admiration : « Fatche de bécane ! Ça carbure ! dit-il » (COU) ; « Et bien, quel mistral t'amène ? Si tu as besoin d'un service, tu sais que je ne peux rien refuser au pote de la communale qui me défendait contre les grands dans la cour de récré, fatche de putain » (SAV). Dans le cas particulier de *fatche d'enti* ("Zut"), il y a collusion avec l'exclamation corse *Accidenti* qui a le même usage. Formé sur le français « face », l'expression **avoir de la face,** comme synonyme de "tenir tête" ou "vivre la tête haute", caractérise le FDM*, la fierté marseillaise (« J'ai pas de face » est le titre d'un single d'Akhénaton, du groupe IAM). Dans le parler des jeunes, **pas de figure** s'applique de façon méprisante à une "personne indigne", qui a perdu la face (« Oh pas de face, ce mec ! », Or.).Toujours en expression française, **figure de poulpe** donne à imaginer la tête de mollusque de la personne à qui elle est destinée et en se souvenant que les Marseillais employaient volontiers le nom « pourpre » pour le « poulpe » (BOU), on ajoutera un élément de couleur avinée au portrait : « Tope-là, figure de poulpe » (CAR).

Favouille

● ❖ Au sens propre, le nom féminin désigne en provençal un "petit crabe" : « Ah ! Je vois, Madame et Monsieur découvrent... Mais voyez, plutôt ici, poissons de roche : vive, rascasse, girelle, saran, baudroie, les favouilles ! » (MOR). Ambivalent au sens figuré, il signifie le meilleur et le pire et peut apporter une nuance aimable ou désobligeante pour désigner "le sexe féminin" : « Morceau d'appétit qu'elle est, la favouille de ma femme ! » (Or.). Ou comme synonyme de "personne stupide", d'un "caractère mou" : « Par extension, quand tu en vois un qui se fait tout petit et marche de travers pour passer partout, pas très franc du collier, tu peux le traiter de favouille » (PdM) ; « Je vais rendre le cartable à la favouille municipale et faire le canard » (CAR).

FDM

● ◆ Sigle de l'expression **Fiers d'être Marseillais !** forgée dans les années 90 par des supporters de l'OM qui ne se résignaient pas à voir leur club traîner dans la boue médiatique et qui voulaient redonner une image positive de la ville. Il est utilisé comme slogan mobilisateur et formule de ralliement identitaire, avec une tonalité fortement autosuggestive. L'expression est inscrite sur les habits des jeunes générations (tee-shirts, bandeaux), commercialisés dans les boutiques de l'OM : « On a la foi, on est des hommes, on est FDM ! ». Preuve de vitalité, dans l'ambiance "foot" de 98, il devient **fier d'accueillir le Monde !**

Feu

● ◆ L'expression **mettre le feu**, appliquée au figuré à des personnes qui se trouvent ainsi enflammées, c'est "agiter violemment", "faire la révolution" au sens de "mettre l'ambiance", synonyme de bouléguer* : « Ce soir, on vous met le feu (hymne de l'OM) ; « Quel concert ?, je finis par dire : – Mais où qu'tu vis ? Le concert. A la friche. Avec Massilia... – Cinq mille qu'on était. Gé-nial ! ces mecs là, i savent te foutre le feu » (IZZ) ; « Big Up aux supporters marseillais qui ont vraiment mis le feu pendant Châteauroux/Marseille. Une fille qui va au match » (Liste IAM).

Fier

● ✻ L'expression **faire le fier** dans le sens de "se montrer suffisant", est restée localement d'usage, comme son synonyme bouffonner* : « Le jambon* de Périer, il veut la « série spéciale » pour faire le fier » (Or.).

Fifi

● ❖ Employé comme nom masculin ou comme adjectif au sens de "maigre", "chétif", ce mot gracile et musical à sonorité enfantine, provient d'un nom provençal qui désigne un "oiselet" ; on l'attribue métaphoriquement à un objet ou une personne : « Le son fifi, c'est pas l'affaire de Troïsi, c'est plutôt de la gratte musclée qui t'exile la tête » (Or.) ; « C'est un fifi notre Estrasse, un fifi d'un sou » (CAU).

On trouve aussi comme synonyme **maigre comme un jour sans pain :** « Accroché au volant de sa grosse Van automatique cabossée, un fonctionnaire maigre comme un jour sans pain tente de se dégager du piège du marché aux puces » (CAR).

Chez les jeunes continue à se décliner la liste des termes où la modernité technologique le dispute au quotidien comme source de métaphore de la maigreur, **fax** puis **planche à repasser**, ou **planche à voile**. On trouve aussi comme synonyme le terme **gisclet** (cf. BOU).

Fifre

● ❖ Substantif masculin employé pour un "farceur" ou un "idiot". Si le joueur de fifre (petite flûte) a beaucoup de grâce chez Manet, en revanche dans le vocabulaire marseillais il n'est qu'un petit monsieur sans importance qui peut même aller jusqu'à la niaiserie : « Fifre que ties, ensuqué*, tu l'as pas vu la tête de Gravelaine ? » (Or.). Le diminutif **fifrelin** renchérit sur cette signification ; de pas grand'chose, on peut encore devenir moins que rien ! Dans le vocabulaire d'IAM, il est synonyme de Mia*.

Figue

● ◆ Les propriétés esthétiques et gustatives de ce fruit charnu, violacé et comestible dont on connaît sur la côte la variante dite de « Barbarie », épineuse à souhait, le prédestinaient à figurer le "sexe masculin" et plus particulièrement dans l'expression **rompe-figues** (provençal, *roumpo-figo)* bien en usage chez les jeunes : « C'est un vrai rompe-figues/Dis, il est de Martigues ? » (REN). Si l'on entend encore l'expression **avoir le temps de tuer un âne à coup de figue molle,** pour marquer l'extrême lenteur d'un comportement, il n'en va plus de même pour **c'est pas des figues du même panier**, pour "ce n'est pas mon affaire".

Filer

● ◆ L'emploi familier de "donner" a fait basculer ce mot dans le registre de la violence. Ce verbe actif ou pronominal prend le sens de "donner des coups", "se battre" : « Arrête-toi, ou je vais t'en filer une ! » (Or.) ;

« Le Marseillais, il aime pas le Parisien, avant c'était le Stéphanois, normal qu'ils se filent au stade » (Or.) ; « En rap, on est bon/pareil au ballon/on sait se filer/on sait s'habiller » (Mss).

Formé sur le verbe, le nom féminin **filade** désigne une "empoignade", une "bagarre" : « Ô trop bon !, y'a filaade dans les vestaires. Moulon ! » (Or.).

Fin-fin-fin

❏ ◆ "Très fin". Expression typique du marseillais culinaire ou gastronomique, sorte de redondance feuilletée à triple couche d'adjectifs affilés : « Le persil, je le coupe fin-fin-fin, je le laisse macérer dans l'huile d'olive et ton jus, après, avec les herbes et tout, c'est lui qui te fadolise* la sardine » (Or.).

Fini

● ◆ L'expression verbale **être pas bien fini** désigne un "simple d'esprit" ou un "abruti". Les prématurés ne sont pas les seuls à bénéficier de cette appellation un rien barbare, des adultes aussi y ont droit : « Plus de jaune-contrée, il est pas bien fini ou quoi, ce toubib ? » (Or.).

Fioli

● ❖ Ce nom masculin est actuellement une dénomination dépréciative du "bien pensant" mais surtout du "bourgeois" (à prononcer fiòli). On attribue la paternité de ce terme au curé de l'église du Calvaire, qui, devant une assistance à dominante italienne, commençait ses sermons par « Figlioli ! », « Mes frères ! » (BOU). De nos jours très en usage, le mot désigne un représentant de la classe bourgeoise ou quelqu'un qui s'en donne l'air, "fils de riche et qui le montre" (PdM) : « Style « jambon-cagole* » ou « Fioli-qui-mange-l'Aîolîiii », c'est ceux de Périer qui vont au stade » (Or.) ; « Oh, le fioli, ici on touche avé* les yeux... Avé les mains, c'est rue Bouterie » (MOR) ; « La nuit tombe, je prends la promenade de la Corniche... Qu'est-ce que c'est beau cet endroit ! (...) Il y a des joggers qui courent en survêtement deux par deux (...) Des fois tu croises aussi leurs copines, qui courent à petits pas dans leur survet' Chanel avec plein de colliers de perles et de pendants d'oreilles en or. Ça fait « flic-floc » à chaque pas ; très élégants les fiolis, en toutes circonstances » (CAR).

Flambante

● ◆ Pas de "brillant" comme dans l'argotique homonyme de cet adjectif féminin, rien non plus du "neuf absolu" du Golf GTI démarré la veille devant les condés (« le masculin, ça fait tank de luxe pour les grosses caisses, Or. »). Le mot s'emploie pour désigner une "belle femme" : « Une gadji* flambante passé trente ans, à part elle, qui tu vois dans le kartier ? » (Or.).

Flou

❏ ◆ L'expression **être flou**, créée par IAM, est synonyme de être débonze*, empruntant à l'adjectif les traits d'absence de netteté et d'incertitude pour décrire le comportement d'une "personne sous l'effet de psychotropes" et par extension de toutes sortes de drogues : « Si vous avez un bon plan pour pas être flou après une semaine non stop de pastaga, return to Marseille oblige, mailez-moi en urgence ! » (Liste IAM).

Fly (flaï)

● ◆ Néologisme très récent, *fly* a réussi son entrée ; ce nom masculin pour "pastis" est déjà solidement implanté dans le parler des jeunes, où il est en concurrence avec le jaune* : « L'OM nous unit, c'est le ballon notre délire, la Kémia, les Mézés, les Tapas avec le pastis*, le jaune*, le flaï, arrose ta tchatche à l'anis » (JC). Pour l'origine, on hésitera entre le copyright anglais et le provençal *flahuta* (flûte) qui au figuré signifie "boire excessivement". Sa puissance d'intégration est forte ; on peut dire qu'il est un de ces symboles qui naturalisent marseillais : « L'OM et le fly, tu as le Marseillais » (Or.).

L'expression **l'heure du fly** désigne "le temps de la sieste" et plus généralement, le "farniente" : « La cohue, c'est l'heure du Fly, midi et le soir, six heures. Le Fly, c'est un Casa ou un 51, c'est comme tu veux... C'est encore une expression, on sait pas d'où elle sort, mais ici, il y a l'heure des brousses, et il y a l'heure du Fly » (CAR).

Formé par ajout du suffixe "-ade", très productif en marseillais comme expression de la communion festive (anchoiade, oursinade, déconnade, filade...), le nom féminin **flyade** désigne une "tournée de pastis" : « Alors quand le voisin n'entend plus les beignes qu'il file à sa femme, couvert qu'il est par les sévillanas d'à-côté, il convoque le képi pour la flyade avant de faire constater l'état de la malheureuse... bande attablée au rade d'en-dessous » (SAR).

● ❖ Chez les jeunes, le verbe **flyer**, est un emploi figuré de l'anglais, pour "voler, cambrioler".

Footeux

❑ ◆ Nom masculin employé pour "amateur de foot". Ce néologisme marseillais concerne une variété particulière d'inconditionnels du ballon rond qui ne doivent pas être confondus avec les mordus de l'Olympique de Marseille. Le suffixe "-eux" a une nuance péjorative et comme en musique les "baroqueux", les *footeux* sont des commentateurs plus que des acteurs du genre : « Sauveur peut compter sur les inconditionnels du Panier et de la Sardine naturellement, rayon voisinage, c'est pas le même raga. Plutôt du genre à traiter le client s'abreuvant sur les marches, cause au-dessus on capte plus les commentaires des footeux de la Une » (SAR).

Fourbe

❏ ◆ Retour d'usage chez les jeunes pour ce nom masculin vieilli, synonyme de "malhonnête" ou de "voleur", parfois avec un sens affaibli, appliqué à une personne agissant de façon stupide, irréfléchie : « Le fourbe, il sait qu'enchaîner conneries sur conneries » (Or.) ; « Je l'ai pris en fourbe sur son scoot » (Or.) ; « Salvator qui faisait le fourbe a été arrêté pour vente de crack et sa caution a été portée à 25.000$. S'il paie sa caution et son avocat qui réclame 12% du montant, avant de s'enfuir au Mexique, quel montant va-t-il perdre effectivement ? » (Liste IAM)

Fracada

❏ ◆ Mot-valise formé à partir de « fraca » (fracassé) et de « flagada » (flapi), le verbe correspond à l'argot "fracassé" dans le sens d'une personne "allumée" ou au marseillais aïolisé* : « C'est la rentrée, mes chers fracadas, me revoilà » (Vé).

Frangipane

❏ ◆ L'expression **chevelure de frangipane** désigne quelqu'un de "chevelu". Que cette chevelure soit parfumée à l'odeur du frangipanier ou qu'elle déborde de multiples franges, elle ne cesse d'être gênante pour le spectateur situé derrière et qui a bien intégré sa culture pagnolesque : « Tu la baisses ta tête, que je vois que le quatrième tiers de l'écran, ô chevelure de frangipane ! » (Or.). Chez les jeunes, les synonymes **avoir la touffe** ou **chevelure de papou** sont d'emploi fréquent : « Dans c'te caisse [boîte, entreprise], pour y rentrer, en premier faut être en place, exemple, pas avoir la touffe ! » (Or.)

Fréquenter

❑ ◆ Longtemps associé à des visées matrimoniales, le verbe se résume aujourd'hui à évoquer en français commun une relation amoureuse, y compris physique comme équivalent de "sortir avec" : « Ton père, t'i dirais si tu fréquentais un blackos ? » (Or.). Mais son originalité à Marseille est qu'il peut être employé absolument : « La fille du boucher, elle fréquente » (Or.)

Frotadou (frottadou)

● ❖ Du sens premier de ce nom masculin usité localement comme synonyme de "pièce à frotter" (*frotasse*) : « Ça partira avec le frotadou, c'est rien de grave » (Or.), le mot a fait tout naturellement image avec un contact érotique bien ciblé pour désigner toutes les composantes de la « chose ». D'abord de l'acteur, avec le sens du français standard "frotteur" : « Les pescadous, hou, hou de la Martiale, sont les rois, voyez-vous des frotadous ! » (opérette H. Alibert-V. Scotto) ; « Elle avait travaillé un temps rue de la Reynarde pour un frottadou de champ de foire qui portait un couteau de cuisine aiguisé glissé dans la ceinture de son pantalon » (CAU). Le *frotadou*, c'est aussi l'acte de chair : « Je peux pas rester seul avec lui, il pense qu'au frotadou » (Or.). La chose étant prise pour le lieu où elle est consommée, le terme désigne "l'endroit du flirt" : « Le collège, déjà c'est le frotadou » (Or.).

Frotasse

❑ ◆ Nom féminin désignant une "serpillière", ou localement une "pièce à frotter" : « Moi, je passe la frotasse, en attendant de souffler un coup » (QN).

Furer

● ❖ L'origine de ce verbe est provençale (*fura* : creuser, fouiller) et explique assez bien le sens de l'action, synonyme "d'embrasser" : « Les Français ils s'embrassent, nous on fure » (PdM) ; « Je te dis pas comment y me fure, une vraie soupe de langue* ! » (Or.). Il prend aussi le sens de "flirter" : « Avec les gonzesses, j'avais pas le ticket, jamais une caresse, pas moyen de furer » (QN) ; « Ils arrêtent pas de furer comme des sauvages, les deux insectes » (CAR). Le verbe a donné naissance au substantif **furade,** appliqué au "jeu de bouche" : « Furade à toute heure, samedi soir, parole, viens ! » (Or.).

G

Gabian

❏ ❖ Le gabian est une sorte de "goéland" (*gabbiano*, "mouette" en italien) qui dit-on, en rade de la Joliette, crie souvent avec l'accent marseillais (aow-aow) : « Les gabians ne sont pas contents, ils râlent » (J.C.) ; « L'odeur qui montait de la mer était la plus belle odeur qu'il connaissait. Et ce soir, ça sentait particulièrement bon. Un gabian passa au-dessus de lui en gueulant » (IZZ). Le nom masculin figure chez les humains un être "stupide, borné" (même sens au figuré en italien, "benêt") : « A part les poissonnières du Vallon des Auffes, les gabians et les liposucées du centre de Thalasso, je vois vraiment pas qui va vouloir l'attaquer » (CAR). Dans le vocabulaire d'IAM, le *gabian* entretient une évidente filiation avec le mia*, sous l'appellation incontrôlée de **mouette de l'étang de Berre**, "gabian mutant avec des Ray-Ban, des dents à la place des pattes, deux mains pleines de chevalières" (IAM).

Gâche

● ◆ Les difficultés économiques de la société contemporaine expliquent aisément la fortune de ce nom féminin dans sa première acception, le travail au noir, un "petit travail non déclaré", sens figuré issu du provençal "faire le guet" : « Effervescence le matin, j'peux plus piauter jusqu'à plus sommeil. J'ai une gâche à l'usine de pâtes » (Or.). Autre signification, tout aussi vivante, qui tient à la métaphore du "crochet", du "crampon" (sens du terme en français technique) ; "avoir un succès féminin", "une touche" : « Ça me rappelle qu'il faut que je te laisse, j'ai une gâche avec une nine* de la FNAC » (Or.).

❏ ◆ Contraction de *gâche* et du verbe empéguer*, **Gâch'empega** désigne un "maçon" ou un "peintre malhabile" qui bâcle son travail : « Ake* son bleu en estrasse* et sa gamate* crevée, i me fait l'effet d'un vrai gâch'empéga » (Or.). La côte de l'expression est en hausse à la corbeille lexicale, comme en témoigne son adoubement en titre de groupe polyphonique marseillais.

Gâcher

● ◆ La famille de ce verbe est riche en évolutions diverses : on retiendra que l'un des premiers sens a été : "remuer un poisson dans l'eau pour le dessaler". Dans l'usage, il est le plus souvent synonyme "d'accomplir un travail sans soin" : « Giuseppe et Mauro font semblant de gâcher un peu » (QN).

Gadjie, gadjo (gadgés, gadies)

● ❖ Nom d'origine romani, désignant une "femme" ou un "homme" qui ne sont pas Gitans : « Chaque fois qu'un jeune Gitan faisait une connerie, c'était bien sûr la faute aux gadgés » (IZZ). Largement diffusé dans le français contemporain des cités, le terme est d'usage très fréquent à Marseille, et preuve de son succès, en perdant sa référence ethnique. Chez les jeunes Marseillais, il est aussi une forme de désignation de l'amoureux (« mon gadjo ») et de l'amoureuse (« ma gadjie ») : « Les gadjies, elles sont venues au Vélodrome de plus en plus avec la sécurité » (Or.).

Galéger (galéjer)

● ❖ Un des mots les plus populaires du patrimoine marseillo-provençal. Marqueur d'identité absolu, le verbe qui a le sens de "plaisanter", "raconter des histoires", "tromper", résume le portrait que l'on se fait des Méridionaux au plan national. Les textes, les images, la musique l'ont colporté à l'envi et il a diffusé sur tout le territoire. Gentiment dépréciatif, il semble avoir laissé perdre la trace de son origine lointaine qui le rapprochait de la galanterie, même si la nuance ludique est conservée : « Monter la Gineste à deux sur ton booster crevé ? Tu galèges ! » (Or.) ; « Au loin, narguant le château d'If, les collines de Marseilleveyre galèjent » (THO).

Formé sur le verbe, le nom féminin **galéjade** désigne une "blague", un "mensonge" : « L'En. et Tro., c'est rien qu'une galéjade médiatique pour faire chier le Sud » (Or.).

Galère

● ◆ A Marseille, l'expression **en galère** indique l'éloignement, "le bout du monde" : « Bon, les cassettes, je te les laisse pas au Journal, c'est en galère pour moi. » (MER). Même chez les plus jeunes, cet usage a bien résisté à la déferlante de l'expression « c'est galère » qui en bon argot national signifie "être dans une situation particulièrement difficile". Est-ce que la vitalité du sens local s'expliquerait par le souvenir de ceux qui, embarqués de force sur les galères armées dans les arsenaux royaux de la ville, partaient pour des lointains sans retour ? On observera que d'autres expressions marquant la difficulté de vivre, tels Chourmo*, se sont largement imposées à Marseille sans doute en lieu et place de « c'est galère ! ».

Galette

❏ ◆ L'origine métaphorique de ce nom féminin qui désigne au sens figuré un "gringalet" dispense de commentaires : « Tu vas pas te laisser impressionner par des galettes comme Spazzola ou Benito Ier ! » (CAR).

Galine (galinette)

▼ ❏ ❖ Au sens propre, ces noms féminins désignent familièrement une "poule", ou une "poulette". Appliqués métaphoriquement aux femmes, ces termes ne semblent pas avoir conservé dans le parler local le sens défavorable de naguère ; connotés esthétiquement, ils désignent des personnes sveltes et élancées, au long cou : « Les femmes d'Ambrogiani, elles ont toutes un cou de galine, offert à la caresse d'un Deibbler ! » (Or.) ; « Quand on pense aux touristes qui sont retournés dans leur brumes natales, alors que nous, petits veinards, on peut encore siroter tranquillement notre pastis en terrasse tout en admirant les belles galinettes qui défilent constamment sur le quai en ce début d'automne » (SAR). L'expression **avoir la peau de galine**, aujourd'hui rare, est synonyme d'avoir la chair de poule. La *galinette*, qui est aussi un "poisson de mer" (rouget grondin), existe à titre de sobriquet affectueux pouvant être porté par un homme (cf. Pagnol).

Galou

❏ ◆ D'abord employée par les skateurs puis reprise en ville, ce nom féminin serait une variante locale de *garo,* mot du français contemporain des cités issu du verlan *garettci*, "cigarette" (Goudailler). Mais le terme était déjà connu en Afrique du Nord, d'où peut-être un emprunt à l'arabe : « Débonze* à la galou, tu galèges galèges, mon collègue ! » (Or.).

Gamate

● ❖ Nom féminin d'origine provençale (*gamato* : auge) désignant au propre une "gamelle", "une auge de maçon", une "vieille casserole" : « Si tu as faim, tu peux finir la gamate du chien » (Or.). Plus rarement, il désignera un "réceptacle" : « Une gamate à disques ». Au figuré, il désigne un "bon à rien" : « Markélélé, il a pas joué, à part deux ou trois frappes de gamate, on a rien vu venir (Or.). » Il s'emploie aussi très péjorativement pour une "femme vieillie, usée".

Gansailler (gainsailler)

▼ ❑ ❖ Ce verbe usité au sens de "remuer", "secouer", vient du provençal *gansaia*, "prendre, saisir" : « A Sugiton, j'ai le coin pour gansailler la tautène* » (Or.) ; « Gansaille la salade, petite, que l'huile elle s'impatiente au fond » (Or.) ; « La serrure, elle est naze, il faut gansailler la clé pour ouvrir » (Or.). Au sens figuré, il s'applique à une "personne entraînante", habile à remuer l'entourage : « Celle-là, elle a passé sa vie à gansailler son monde » (BOU).

Gantchou (gantcho)

❑ ❖ Au sens propre, ce nom masculin désigne un "crochet" : « Le fielas*, tu peux pas le remonter comme ça, tu dois l'accrocher avec le gantchou » (Or.) Au figuré, c'est une personne ou une affaire "boîteuse" : « Son petit, il est beau, mais peuchère, il est gantchou de naissance » (Or.) ; « Le Hard craignos de « Quartiers Nord », ça a été surtout du gros son sur des arrangements gantchou » (Or.). Chez IAM, on trouve le terme **ganzou** et l'expression **envoyer la ganzou**, au sens figuré de "mettre la main sur quelqu'un" : « A fond woooou elle envoyait la ganzou ».

Gargamelle

❏ ✳ Nom féminin qui désigne la "gorge", le "gosier". On connaît depuis Rabelais la fortune des termes commençant par le radical "garg" (gorge). Leur prégnance sonore, leur amplitude en bouche sont de nature à retenir l'intérêt des Marseillais. « Le 51 Mauresque*, c'est du velours pour la gargamelle » (Or.) ; « Toi, hurla Pascal, si je te chope* la gargamelle, je t'étrangle ! » (CAU).

Gàrri (Gari)

● ❖ Le sens propre de ce nom masculin ("rat" en provençal) est tout à fait marginal, comme ses autres significations dépréciatives de "mauvais garçon" (ancienne dénomination des rôdeurs louches qui partageaient les bords de quais avec les rats attirés par les déchets du port) ou de "mâle en rut". Si l'on n'entend plus guère l'expression **avoir des gàrris dans la tête** pour qualifier une "personne rongée d'inquiétude", il n'est pas rare encore de dire d'un enfant "jouant à aveugler quelqu'un" avec un rayon de soleil reflété par un miroir qu'il **fait le gàrri** (BOU). Il est devenu un terme affectueux très employé pour s'adresser à un enfant ou à un adulte proche : "mon garçon", "collègue"* : « Ça'a ? – ça'a. – le fiston ? – bè, le garri, il est à Aix, y fait de la logique (Or.) » ; « T'affoles pas, gari, on n'est pas des poulets... mais on sait des choses sur toi, alors on te conseille de nous suivre » (UCC). Dans les romans, on peut le trouver employé comme nom propre : « Bé ! cé comme je vous le dis mon cher Gari » (Vé).

Garrigue

● ❖ Nom féminin désignant une zone aride du paysage méditerranéen, d'où le sens dérivé de "désert", "lieu de solitude" : « Faut que je m'en débarrasse, d'elle. Tèeh, je me jette sur ma bécane et je vais me cacher dans la garrigue » (Or.).

Gaver

❏ ♦ Si le français commun connaît le verbe au sens propre de "faire manger à l'excès", le parler des jeunes Marseillais n'a que marginalement intégré le sens des cités parisiennes ("se droguer à l'héroïne"), alors que s'impose fortement en usage le sens figuré d'"agacer" ou "écœurer" : « Lève cette galette*, soeurette, tes « 2 be 3 » moi y me gavent ! » (Or.) ; « Arrête de jouer au con, le Poulpe. On t'a déjà dit. L'humour, ça nous gave » (CAR). Proche du sens premier apparaît un usage professionnel du verbe, dans les lycées et à la faculté, **se gaver** pour "exceller dans une matière" : « Le latin, ça me gave depuis que je suis en DEUG » (Or.).

Gazer

● ♦ L'expression **ça gaze ou ça gazouille ?**, que les jeunes utilisent en prélude à la conversation, produit son effet poétique, à la fois sonore et métaphorique, par l'articulation de l'argotique verbe *gazer* pour « aller bien », à *gazouiller*, "chanter doucement", pas si éloigné de *vasouiller*, qui s'applique à une entreprise chancelante. En somme, vivre à haut débit ou aussi faiblement qu'un murmure ne serait qu'affaire de tuyaux : « Ça gaze ou ça gazouille ? — ça gazouille, j'ai pas révisé. » (Or.). On entend aussi **bien ou bien ?** pour la même fonction de contact, "ça va ?", "no problem ?".

Gazon

❏ ♦ Ce nom masculin n'a pas ici le sens que lui attribuent les émules des jardineries. La matière, « l'herbe », étant prise pour l'objet, le terme, synonyme de "haschisch", apparaît très fréquemment en usage dans l'expression **fumer du gazon** : « Garçon admirable d'intelligence vive et de rayonnement cosmique tout en intériorité discrète cherche collègues* de même niveau pour fumer le gazon du balcon en refaisant le monde » (Liste IAM).

Gercler

❏ ❖ Verbe employé localement au sens de "mettre dehors", "renvoyer", correspondant aux familiers "jeter", "virer" et à l'argotique "gicler" : « Tous les mardis, c'est joué d'avance, je me fais gercler en permanence par la prof de musique » (Or.) ; « A la Shell, ça gercle à tout vent, on passe son temps à se demander qui va être de la prochaine charrette » (Or.).

Gobeur

❏ ◆ Dans l'univers de la musique techno et des raves, ce nom masculin réunit le sens propre du verbe "gober", "avaler sans mâcher" et son dérivé nominal argotique désignant au figuré une "personne excessivement crédule", pour dénommer un "consommateur de drogue". Les traits de dépendance physique et psychologique induits par le terme expliquent son usage dépréciatif par les rappers pour catégoriser les rivaux raveurs, parfois appelés aussi **technomen** : « Les gobeurs, j'les fréquente pas, même pas je les respecte » (Or.).

Gobi

● ❖ Nom masculin pour nommer un "petit poisson aux yeux ronds dilatés et à la bouche béante", considéré à la pêche comme une prise ridicule. Il désigne métaphoriquement un être niais, sans envergure : « Gobi*, jobi* ! l'arapède en a raz le bol ! » (J.C.) ; « Il est prudent, vé ! Il s'accroche lui-même, il en aura attrapé au moins un... de gobi » ! (MOR).

● ❖ Partant du nom, on a construit l'expression **faire le gobi** dans le sens de "faire l'idiot", "faire l'étonné" qui n'est guère plus flatteuse : « L'affairiste, il est trop bon à faire le gobi devant les juges ! » (Or.).

Go-go dancer

❏ ◆ Employé dans les raves, ce nom masculin présente un intérêt particulier. Le procédé utilisé ici pour désigner un "garçon plus ou moins strip-teaser", dont le rôle consiste à chauffer l'ambiance, ou encore un "danseur sous l'effet de drogues", emprunte à l'anglais « going and going » pour exprimer le mouvement et à l'argot « gogo » variante de gobeur* par redoublement de la première syllabe. Se trouvent ainsi exprimés à la fois la transe physique et la dépendance psychologique.

Gonfle

❏ ❖ L'expression verbale **être gonfle** issue du provençal s'applique à une personne "enflée" : « La petite, elle est pas gonfle pour rien, qu'es tu lui a fait encore, hein, rien bien sûr ? » (Or.) ; « Je me supporte plus devant la glace, tellement je suis gonfle que je me demande si c'est pas un miroir déformant ! » (Or.).

Une pénible sensation physique de suffocation émotionnelle explique que l'on puisse **avoir le gonfle**, "avoir le cœur gros", "l'âme triste" : « Exilé au Nord, j'ai la gonfle, Massilia me manque terriblement » (PdM).

Gounflaïré (gonflaïré)

❏ ❖ Ce substantif issu du provençal est à rapprocher du verbe « gonfler » qui en argot national a le sens d'"importuner", d'"ennuyer". Il désigne un "casse-pieds" : « Môôôsieur le gounflaïré veut peut-être nous donner une leçon ? » (Adieu ma Joliette).

Grafigner (graffigner)

❏ ❖ Ce verbe typiquement provençal semble annoncer ce que sa sonorité exprime : on le prononce avec les doigts crochus et un serrement de dents qui laisse tout juste passer un sifflement menaçant : "égratigner", "griffer" : « Y'en a qui se rappellent le premier baiser, moi, c'est la première fille qui m'a grafigné » (Or.).

Gras

● ◆ En emploi adverbial, le terme est devenu très populaire dans le parler des jeunes, comme synonyme d'"énormément ". L'idée d'abondance évoquée par l'adjectif et les expressions dérivées est une reprise de locutions plus anciennes dont **parler gras** employée à Marseille pour dénommer le parler des quartiers nord : « Il y a gras de mythomanes, gras de mythos dans le pays, des qui s'prennent pour j'sais pas qui » (Or.).

L'expression **gras bien** a le sens de "très (trop) bien". Caractéristique du parler de la nouvelle génération, elle fleurit dans les groupes musicaux entre autres : « Du côté de l'Estaque », il est gras bien, le meilleur de QN je dis ! » (Or.).

De la même veine, l'expression **gras cool** est employée au sens de "tout à fait décontracté", "très cool". Elle peut se loger, par humour ou antiphrase chez les adeptes de quelque temps verbal tombé en désuétude : « Le subjonctif imparfait, c'est gras cool ! » (Or.).

Gratter

● ◆ La diversité des usages au figuré du verbe "prélever à son profit", "emprunter sans jamais rendre", se retrouve dans la signification de l'expression **gratter l'amitié**, employée par les jeunes à propos de "quelqu'un qui s'impose", "s'incruste", dans une relation et parfois aussi pour une personne servile, un "lèche-cul" : « Arrête de gratter l'amitié, t'i es pas dans mon plan » (Or.). L'expression **à la gratte** est synonyme de "gratuitement".

Gris

❏ ◆ Employé comme nom, fréquemment au pluriel, il désigne péjorativement "les Arabes" par dépréciation de faciès : « Des gris. La vraie lèpre de cette ville », fait dire le romancier Izzo à l'un de ses personnages. Mais l'inconvenance du trait peut être rachetée positivement par des Marseillais plus obligeants : « Les gris à Marseille, c'est nos frères, pas comme dans les banlieues à Paris » (Or.).

Guacho (gâcher)

❏ ❖ Cet adjectif récent, très employé par les jeunes et d'origine obscure (l'italien *guazzo* est un terrain marécageux) est employé au sens de "dégoûté", "saturé" : « Guacho des sitcoms j'étais, maintenant, je me fait chier sur Arte » (Or.) ; « Mais petite fille, excuse-moi si je te gâche mais il y a quelque chose d'important qu'il faut que tu saches » (Mss).

Guinter

❏ ❖ C'est peut-être l'anglais *gain*, "gagner, faire des profits" qui est à l'origine de ce verbe employé au sens d'"attraper", "piquer" par des usagers situés des deux côtés de la frontière qui sépare le légal de l'illicite, autrement dit, gendarmes ou voleurs : « Faut cavaler balès* pour pas se faire guinter par les vigiles à Virgin avec le skeud (disque) dans la sacoche » (Or.)

H

Hakha

❏ ❖ De l'arabe, interjection qui signifie "Attention !". Dans le Trivial Pursuit des bébecs* et des cramés*, **faire Hakha**, "faire attention", marque l'état de vigilance anti-vigile préalable à toute fuite future ; plus classiquement, c'est être à l'agachon* : « Business, Baiseness, c'tout Kom, j'fais hakha cinq sur cinq » (Or.) ; « On tente de s'éloigner des trafics/Frère, hakha, les flics rappliquent » (FF).

Hallo

❏ ❖ Influence anglaise mais usage peu "british" pour cette interjection, mélange de *hello* et *allo,* termes spécifiques de mise en route de la communication interpersonnelle, au sens de "salut !", voire "bonjour !" ; il est fréquent dans le vocabulaire des vendeurs ambulants noirs : « Hallo, madame, regarde, j'ai de la tresse, des bracelets. Cadeau madame » (Or.).

Haygagan

❏ ❖ Dénomination ethnique des "Arméniens", reprise à l'extérieur de la communauté avec différentes connotations, positives ou négatives : « Haygagan, y'avait que moi qui l'étais pas à l'ASA ! [club de foot] » (Or.).

I

Impinable

❏ ❖ De la prolifique famille de l'argotique national "pine" (membre viril), on retiendra cet adjectif dont le sens a évolué à Marseille en "insupportable", "imbuvable" : « P., il est franchement impinable. Déjà son regard méprisant, tu as envie de le bugner » (Or.). Synonyme tout aussi répandu : imbitable, imbaisable.

Indien

Est-ce le souvenir des *apaches*, anciens nervis* "voyoutant à la petite semaine" qui expliquerait l'usage de ce terme générique pour désigner selon, un "sauvage" ou un "étranger", de préférence bronzé ? : « Les indiens, avec la coupe du monde, c'est pas ce qui va manquer à Marseille ! » (Or.).

Ivrognasse

Pièce à verser au dossier du bien connu suffixe marseillais "-asse", ce nom et adjectif dépréciatif est une méridionalisation du français "ivrogne" : « Je vais boire, boire encore, jusqu'à atteindre un niveau de communion ivrognasse avec Columbo » (THO) ; « Sortez-le de la liste, c'te ivrognasse du web, que jusque sa mère elle veut plus l'entendre » (liste IAM).

J

Jaja

❏ ◆ Le choix est vaste dans les termes qui désignent le "haschisch". Celui-ci est peut-être la forme nominale du jamaïcain *ganja* tronquée et utilisée avec redoublement de la syllabe finale, ce qui lui donne un petit air affectif, presque enfantin : « T'en a déjà vu du jaja comme ça ? (Vé). A moins qu'il ne s'agisse d'un glissement local au registre des paradis artificiels à prix réduit de l'argotique national *jaja* désignant le "gros rouge" ?

Jambon

● ◆ On savait déjà que ce morceau de choix de l'anatomie porcine pouvait désigner la guitare ou le violon dans le jargon des musiciens. L'expression « prendre quelque chose pour du jambon » (BOU) était à Marseille synonyme de "tenir pour argent comptant". Mais comme injure de classe, le sens de ce nom est tout neuf, à moins qu'il ne s'agisse d'un jeu de mots sur "gens bons"... Employé par les jeunes des milieux populaires au sens de "bourgeois de fraîche date", de "nouveau riche" étalant sa bonne fortune, il fait florès en tous lieux où les deux mondes sont appelés à se côtoyer : « I. R., c'est le jambon qui débarque à l'OM » (Or.). Le romancier Carrese nous donne un conseil judicieux pour repérer immanquablement le fioli* et ledit jambon :

« Pour reconnaître un fioli ou un jambon, c'est pas compliqué... Quand ils mangent l'aïoli, les fiolis (ou les jambons) mettent l'accent sur la dernière syllabe d'aïoli. Les autres (les gens comme toi et moi), mettent l'accent sur le O du milieu. C'est tout simple mais c'est imparable ».

Jaune

● ♦ C'est la couleur "basique" de l'ambroisie olympienne qui est aujourd'hui utilisée comme équivalent du pastis. Liqueur d'or et de lumière, breuvage solaire, parfaitement en adéquation climatique et conviviale avec son terroir, il est l'apéritif de l'éternité, comme l'or est le métal de l'immuable. Son absence est aussi tragique qu'un manque de drogue : « J'ai fini la bouteille de jaune, j'attends le ravitaillement » (Or.). Il est le lien entre les générations, entre les classes, entre les cultures (méditerranéennes) : « L'O.M nous unit c'est le ballon notre délire, la Kémia, les Mézés, les Tapas avec le pastis le jaune, le flaï*, arrose ta tchatche* à l'anis » (J.C.). Le **jaunet** délie le verbe et rassure le buveur. Il est aussi indispensable à Marseille que la Bonne Mère ou le Vélodrome : « Le pastis, le jaune, ou le pastaga, vider un verre pour se remplir de joie, à l'apéro, pendant la fête il est là, il fait danser et chanter tous les raggas » (H).

Jobastre

● ♦ A l'origine de la nombreuse famille de ce nom ou adjectif il y aurait ce pauvre Job, prototype biblique de la résignation incurable. En argot national cela donne "jobard" ; à Marseille où l'on affectionne particulièrement le suffixe "-astre", prononcé à pleine bouche, la forme usuelle est *jobastre*, au sens fort de "fou furieux" ou moins fréquemment, pour "crétin" : « Plus jobastre que le Marathon de Nev-york, moi je dis La Gineste ! » (Or.) ; « Et toujours le même plan : il démarre comme un jobastre chaque fois que le feu passe à l'orange » (CAR).

K

Karmème (Kar même)

● ◆ L'expression pronominale "quand même" est sans doute trop lisse pour le Marseillais qui veut appuyer sa phrase par une attaque plus sonore. D'où la création de ce condensé musclé : « Kar même, hurlait Gandolfi, i feré passa chézeu » (VAL). Ainsi formée (ou déformée ?), l'expression acquiert droit de cité : « A l'Est de l'Estaque, on l'attendait plus mais k (K) armème, les QN reviennent. Grâce à Dieu. Hambdoulillah ! » (Or.).

Kartier

◆ Au moment où le K, ingrédient branché par excellence, est mis à toutes les sauces, depuis celle de "tous des K !" jusqu'à l'hebdomadaire *Taktik*, qui publie des papiers sur la "musik", des annonces sur la "télématik", le quartier à Marseille (la ville sans banlieue, mais aux 111 quartiers), unité de base, nouvelle mesure culturelle et identitaire de l'espace urbain, se plie au remixage de bonne grâce : « L'estranger au kartier, c'est le vrai, le seul étranger à Marseille, en fait » (Or.). Territoire de l'aventure ou de l'errance, il peut aussi marquer le vide et la difficulté d'être : « La clique à mes côtés représente le kartier de St-Jo /Retour au Kartier, on bronze sur le banc, l'été y a rien à faire alors on glande comme des glands./On est des purs kartiers nord ! » (Up.). Le nom n'est pas à confondre avec la marque d'un bijoutier réputé d'origine septentrionale !

Khayav

❏ ❖ Emprunt direct au gitan, pour ce verbe et nom féminin synonyme de "manger" : « La khayav, j'la consomme plein pot au rayon fraîcheur, que les bourg' elles dévalent écœurées avec le caddy » (Or.) ; « Y'a rien à khayav chez toi ? ».

Complément naturel du précédent, **piyav**, désigne la "boisson" ; il est employé pour "boire", le plus souvent dans le sens de "se saouler" : « Cher* de piyav, la défonce » (Or.)

Kilé ha ('culé ha, einculé, oh lenc')

● ◆ On doit au romancier et cinéaste marseillais Philippe Carrese le soin diligent d'avoir traduit phonétiquement (mais non selon les codes de l'alphabet international !) ce participe passé d'usage très répandu comme injure et qui n'a pas besoin de commentaire superflu : c'est, assure-t-il une "contraction audacieuse des deux mots *enculé, va !*" « M'enfouti de ton fric, Kilé ha, va te néguer* à Niolon ! » (Or.). L'injure a des relents discriminatoires et identitaires qui n'échapperont à personne : « Tellement qu'il a plu en septembre, que tu te croyais chez ces enculés de Parisiens ! » (Or.).

Killer

❏ ◆ Si la langue anglaise n'est pas surreprésentée dans le vocabulaire des jeunes générations de Marseillais, pour cause de résistance identitaire, elle peut néanmoins faire effraction dans certains registres, notamment quand il s'agit de violence, là où l'exemple américain fait encore figure de modèle viril, témoin cette franco-marseillisation du verbe *to kill*, au sens de "tuer" : « T'aing*, killé net entre les deux yeux, le mec » (Or.) ; « Ti'as quand même pas killé madame Jean !!! Pas madame Jean ! » (PdM).

Kinflu

❏ ◆ Ce nom synonyme de aza*, au sens de "mauvais goût" ou du familier "bidon", usité aussi bien pour les personnes que pour les choses, semble être une déformation populaire de l'asiatique *kung-fû* ; il est d'usage fréquent dans la bouche des rappeurs marseillais : « Ah mon brave Vé, il était temps que tu consacres un peu de ta place pour l'information des soldats du Rap et du Rub a dub*, car c'est pas les kinflus de la presse babylonienne qui vont le faire à ta place (Vé) ; « Si c'est le "why", si c'est le "Kinflu", ça dure depuis longtemps car avant la tour de Babel/Embrouille à Babylone, un même langage universel unissait tous les hommes » (JC).

Korki

❏ ◆ Les handicapés constituent toujours un réservoir commode à dénomination stigmatisante et celle-là n'échappe pas à la règle, ce nom masculin étant formé sur le nom d'un acteur de télévision atteint de mongolisme : « Au lycée, c'est tous des korkis, nibe dans la tête, que le doudoum doudoum de la techno ! » (Or.).

L

Langue

❑ ◆ Entre la **soupe** ou la **salade de langue**, que doit-on choisir pour exprimer un "baiser profond" ou, comme on le disait autrefois, "langoureux" ? Si les deux images sont également humides et désignent des hors-d'œuvre, prémices de mets plus substantiels, il faut laisser aux usagers de notre beau lexique le soin de fixer le menu : « Avec ma nine*, les dimanches, c'est pas l'oursinade*, c'est soupe de langue dans les Calanques ! » (Or.).

Limonade

❑ ◆ N'en déplaise au puissant corps des cafetiers ou limonadiers, au comptoir anisé desquels le Marseillais aime à venir se ressourcer la langue, la limonade, boisson un tantinet désuète, n'apparaît plus dans les détours de phrases des constats désenchantés, qu'accompagnée du qualificatif négatif **mauvaise limonade,** qui lui enlève tout pétillement pour en faire le fâcheux augure d'une "mauvaise affaire" : « IAM est devenu français, bon, mais l'école du Micro d'argent, c'est dégun*. L'égypto-aikido-mania, moi je dis : mauvaise limonade ! » (Or.) ; « Mauvaise limonade, je commence à employer les termes usités dans l'import-export « (CAR).

Longue (de)

● ◆ Cette expression adverbiale du provençal sert de passe-partout comme équivalent de "sans cesse", "toujours". Elle peut exprimer une situation qui traîne désespérément en longueur : « De longue le discours sur la violence des quartiers, ça m'escagasse* » (Or.), ou une action répétitive : « Tony, ques' t'i as fait ce oui-quende ? – Je suis allé à Montredon pêcher comme de longue le samedi » (Or.), voire une permanence ; « Mais avant tout cela, il faut de longue respecter une méchante bouillabaisse appelée Méditerranée » (H). L'euphorie est atteinte quand, par l'effet de quelque paradis artificiel, on recherche une excitation durable ; « Sans jamais s'arrêter, de rifle, de longue, on balance les mêmes » (Mss).

M

Madur

▼ ❑ ❖ Ce nom issu du provençal *madu* (mûr) a peu changé dans sa forme populaire actuelle. En revanche, la métaphore qui en a fait évoluer le sens de "maturité végétale" à "dérangé en esprit", "fou", est intéressante. Le fruit s'est gâté au passage et il y a peu d'espoir qu'il revienne jamais à la fleur : « C'est pas pareil, aimer le foot et être madur pour l'OM ! » (Or.) ; « Après cette aventure/L'est devenu madur/L'a voulu remplacer/le député » (REN).

Maffre

● ❖ L'origine de ce nom masculin est mal connue. Il est employé pour désigner la partie postérieure et charnue de l'individu, dans l'expression consacrée **se lever le maffre**, pour : "faire de grands efforts" ou encore, de façon plus distinguée, "se lever l'âme", ce qui indique une propension occasionnelle de l'expression à se spiritualiser : « Il a dit ; Oh, les minots*!/Ya du boulot !/Pour remporter le match/Faut se lever le maffre » (REN). Le mot a suivi l'évolution métaphorique du terme "cul", au sens de "chance" : « Quel maffre il a eu de ne pas piquer une tête dans le fossé, comme il conduit, c'est un jobastre*! » (Or.). Se rapportant à la personne, le mot est synonyme de "voyou" et l'on peut faire alors l'hypothèse d'une contamination avec "malfrat", dont l'origine provençale est attestée (*mau *faire* : faire mal, d'où dérive le *mafalou*, "voyou") : « Les M'n Ms, i s'étalent pas au rayon confiserie de Carrefour. Les Mias* et les Maffres of Marseille, ils te jouent "Il était une fois dans l'Ouest" dans la rue Saint-Fé » (Or.) ; « Alors que j'étais en embrouille/avec un maffre de la région,/au lieu de partir en quenouille/me vint de suite la solution » (F) ; « Comme les maffres marseillais, la mer n'aime pas qu'on la regarde en face » (THO).

Magasin

❑ ◆ On ne s'attendrait pas a priori à ce que ce nom masculin d'origine arabe, utilisé dès le XIIIe siècle dans les relations commerciales entre Marseille et le Maghreb, désigne une pièce précise du pantalon masculin, la "braguette", à moins que le sens original d'"entrepôt" ne subsiste dans le stockage ou l'étalage de la précieuse marchandise qu'il cèle : « Mon magasin, je le ferme jamais, des fois qu'une pacholette* voudrait me tagger le vier*» (Or.).

Malon (mallon)

● ❖ Le français standard "carreau", "carrelage" est concurrencé ici par ce nom masculin, d'origine inconnue : « Ton clébard c'est rien qu'un bouffe-cague*, alors tu le lèves de là, qu'il me pourrit les mallons ! » (Or.) ; « Le téléphone est dans l'entrée, je parcours la distance les pieds nus sur les malons froids, en quatre sonneries » (CAR). Quand ledit carreau est de couleur rouge brique et de forme hexagonale, il prend le nom de **tomette**. L'expression aujourd'hui peu courante, **pas de risque que j'aille te salir les malons,** était employée pour signifier la rupture de relations de bon voisinage.

Mandjapan (mandjiapan)

● ❖ Ce nom masculin, désignant en provençal la "blatte", est employé au sens de "profiteur", "sans-gêne", "pique-assiette", qu'il tient de son origine puisqu'il servait à désigner les voleurs, mendiants, et surtout les enfants affamés « qui piquaient les oranges tombées à la mer au moyen d'une fourchette ficelée au bout d'un bâton » (ROU). Il dénote une attitude d'une extrême grossièreté : « La Mairie, c'est le resto du cœur de tous les mandjapans de la politique locale ! » (Or.).

Manger

● ♦ Aux confins de l'anthropophagie, il y a toujours eu une valeur de violence dans les verbes *manger* ("manger du curé") et *se manger* ("se manger le foie"). Le sens local de "se battre" n'a donc rien d'extravagant : « Dès que deux gamins se mangent un peu dans la cage, tu as le Frontiste du troisième qui déboule avec le calibre, ça finira mal mais les flics ils s'en foutent, tant qu'y a pas mort d'homme » (Or.). En un sens affaibli, moins fréquent dans l'usage, le verbe signifie "tomber", "mordre la poussière" : « Je me suis mangé en cabrant, fada* » (Or.).

Mariole

● ❖ Le nom masculin, issu de l'italien a le sens argotique de « faire le malin ». L'expression **faire le mariole** exprime une nuance par rapport à son équivalent argotique en exprimant plus que le fait de "chercher à se rendre intéressant", l'idée d'un rôle de composition, "narguer en paradant", "se pavaner", "faire le beau" : « Le premier Winner qui vient faire le mariole devant notre drapeau, même pas un flic il me retiendra plus, je l'explose, c'est tout ! » (Or.).

Marquemal

● ◆ Ce condensé bien peu académique d'un verbe et de son adverbe, qui existe aussi en provençal, désigne en premier lieu une "personne mal habillée" et, comme ici l'habit fait souvent le moine, l'expression recouvre une valeur morale : "personne de mauvais genre" : « Le bock*, au mariage ! pantalon orange et veste verte. Ké marquemal, le frère à Leila ! » (Or.).

Marronner

● ❖ Du provençal *marrouneja*, faire la moue (de *marrouna*, "murmurer"), le verbe prend le sens de "se plaindre", "geindre" et correspond au familier "râler" : « Les gars de la téci, ça les fait marronner notre fric, mais pour la fraîche, faut risquer. C'est pas l'école ! » (Or.). Localement **se faire faire marron**, c'est se "faire attraper".

Marsimil

❏ ◆ On doit au groupe IAM l'invention de ce néologisme très spirituel, qui vient à point pour conforter la thèse de l'exception linguistique de Marseille et la nécessité de créer un outil sinon une méthode pour enseigner sa langue si particulière. Méthode, est-il besoin de le préciser, non agréée par l'Education nationale ! Ce dictionnaire pourrait modestement être un élément du dispositif. Mais si on ne promet pas que l'assimilation se fera sans peine et en huit jours, comme le prétendaient naguère les publicités pour la marque Assimil, en revanche, on espère qu'il apportera à l' "étranger" des connaissances plus diversifiées que celles, très ciblées..., que l'ingénieur du son américain invité par le groupe de musique a acquises en deux mois, à savoir : « Mon vier*, C'tenculé, chtebeuh*/ Dégage ah ! On s'en bat les couilles ! » (IAM, méthode Marsimil).

Masque

● ❖ Nom masculin issu du provençal *masco,* emprunté au latin médiéval, dérivant du radical *maska* (noir), nom féminin de "sorcière". Symboliquement associé aux puissances du mal, le terme porte généralement une forte charge négative. Plus rarement, on le rencontre avec une atténuation de sens pour désigner une "personne mal habillée, d'aspect étrange" : « Passez votre chemin, grand bête ! Vé ce grand masque ! ché fada* ! » (DET). Cependant, certaines manœuvres ténébreuses de nécromancie peuvent avoir un bon côté pour le Marseillais qui y trouve son compte : « Tapie, ça aura été quand même le masque de l'OM, l'alchimiste du Vélodrome ; certains se foutent que le fond du chaudron, c'était un méchant pistou, il y a eu le rêve ! » (Or.). Dans la comédie humaine que la société se plaît à jouer, l'attribut antique de l'acteur peut parfois révéler un visage authentiquement humain : « Alors beau masque, qu'est-ce que tu nous annonces ? » (CAU).

Le verbe dérivé **emmasquer**, issu du provençal, se rencontre aussi à la forme pronominale, non plus avec le sens de "(se) déguiser", "(se) masquer", mais de "jeter un sort", "porter malheur" : « Ma parole, je me suis faite emmasquer, que je gagne jamais avec tout ce que je joue » (Or.). On citera pour mémoire l'adjectif **mascaré** qui s'employait pour un "enfant au visage sale".

Mastéguer

● ❖ Qu'il vienne du provençal *mastega,* "mâcher" ou de l'argot marseillais "mastiquer", le mot traduit un mouvement pâteux et passablement laborieux des mandibules, pratique inélégante et mécanique à la distinction rien moins que bovine : « Chez l'Egyptien, la viande du kébab est tellement dure que tu deviens la vraie vache folle à la mastéguer ! » (Or.).

Mauresque

● ❖ A l'origine, nom propre ethnique emprunté à l'espagnol par l'ancien français (désignant les habitants du nord de l'Afrique), il est devenu nom commun et s'est appliqué par métaphore à différents emplois spécialisés pour des choses noires, noirâtres (habillement, couture...), termes qui ont disparu avec la mode de l'orientalisme. Mais l'orientalité de Marseille et, en vérité, l'amitié indestructible que vouent les Marseillais à leur boisson nationale, expliquent la persistance du nom féminin dans le domaine de la chimie alcoolique pour dénommer un mélange de "pastis-orgeat" : « Jacques, ça serait pas un pseudo de Jean-Bernard après quelques mauresques ? » (PdM). On renverra, pour une compréhension scientifique exhaustive du phénomène de dissolution progressive de ce mélange par un apport d'oxyde de dihydrogène, à l'excellente thèse de Christophe Baralotto soutenue en 1995 au Bar des Platanes, intitulée « Optimisation volumétrique du mélange ternaire Orgeat-Pastis-Eau : Synthèse de la Mauresque » (PdM). Félicitations du jury.

Méfi

● ❖ Si le *méfi*, en ancien provençal désigne un "imbécile", le mot, sans doute dérivé du français standard se méfier, tronqué et accentué sur la première syllable, sert d'interjection pour dire "attention !", "méfie-toi !". Et ici ou là, les dangers ne manquent pas : contrôleurs et autres représentants de la loi : « Méfi aux casquettes, i sont montés trois aux Cinq-Avenues ! » (Or.) ; dragueurs qui rôdent, en chasse de butin : « Ragamuffin, méfi, si tu tiens à ta copine ! » (Mss) ou bellastre* de plage : « Prenez le soleil, mais méfi : un œil sur Madame ! » (DUG).

Mégot

● ◆ Qu'il vienne de *meg*, variante méridionale de "mec" désignant un petit homme, souvenir pas si lointain du medium latin de bien petite taille ou qu'il soit un avatar du "petit lait" provençal que l'on "mégaudait" au sein à petites goulées, le nom, employé pour désigner l'"appendice viril", semble garder les souvenirs bien au chaud sous la cendre. Au-delà de son sens national familier de "cigarette déjà bien entamée", sur laquelle tout fumeur peut encore "tirer" lorsqu'il se trouve en manque, le Marseillais le resitue dans le cadre original d'une virilité bien peu encombrante : « Tronche d'api*, tirelire vide et mégot micro, je passe mon tour ! » (Or.) ; « Ils disent qu'un minus il a aussi de petits pieds, de petites mains, de petites couilles et un petit mégot « (QUE).

Meilleur

● ◆ Voici une curiosité de la syntaxe marseillaise : la forme comparative de l'adjectif "bon" est employée localement à la place de "mieux" et au sens de "sur un autre ton" dans l'expression très usitée "tu me parles meilleur" : « La page sport de *la Provence*, c'est mon bulletin de santé quotidien, je vais meilleur ou pire en fonction des résultats de l'OM » (Or.). « Oh Néné ! M'engatse* pas Néné ! Tu me parles pas comme ça à moi, tu me parles meilleur » (CAR).

Mener

● ✳ Indiscipline ou ultra-purisme (?), le Marseillais ne semble pas avoir accepté l'évolution contemporaine du verbe "mener", il continue comme autrefois à l'employer pour "amener", "conduire", alors que les autorités nationales en matière de langue recommandent d'employer "amener" ou "emmener" suivant la direction du mouvement concerné : « Samedi, je mène la nine* en bateau au Festival des Iles. Combi croisière-flamenco pour deux cent balles, c'est pas beau ça ? » (Or.).

M'enfouti

● ◆ La première personne du présent de l'argotique *s'en foutre*, "se moquer de", "être indifférent à", inauguré selon la tradition par un habitant d'Auriol (BOU) offre sous nos climats un renchérissement graphique provençalisant, impliquant la présence d'un accent tonique fort sur la syllabe *où,* pour ensoleiller le mot : « Même si c'est baignade interdite, m'enfouti. Le slalom entre les bateaux à l'entrée du Vieux-Port, ça fait toujours bader* les sirènes de Saint-Jean » (Or.).

Mère (Bonne)

● ◆ « Marseille sans poisson ! C'est comme Venise sans gondole, l'aïoli sans aïl, une anisette sans anis, une Bonne Mère sans mère, une cane sans bière » (SAV). Comme Athènes encerclant la vierge Athéna sur son célèbre Parthénon, Marseille se déploie au pied de la colline tutélaire, sa montagne sacrée, sanctifiée par sa Vierge à elle, et bonne, et mère, qui lui tient lieu de cœur, de phare, d'ancrage et de bureau de poste pour requêtes spirituelles : « La Bonne Mère, c'est le Sinaï du peuple de Marseille » ; « Continue de me sampler, petite, que je vibrionne de partout, Bonne Mère ! » (Or.). Sa vigilance au coin des phrases en fait une sorte d'ex-voto verbal permanent et le témoin virginal de la plupart des étonnements marseillais, toutes obédiences confondues, œcuméniques : « Oh, Bonne Mère, nous sommes toujours tournés vers toi ! » (prière d'un "Marsionaute exilé", PdM) ; « Le Gobi fut soudain comme illuminé, touché par la grâce et dit : « et si nous captions le regard de la Bonne Mère ?... gros titre, voilà comme elle vous regarde ! » (Vé). A signaler également l'expression **voir la Bonne Mère à travers** qui évoque un tissu, une pièce de viande ou encore une personne dont la maigreur ou la transparence auraient bien besoin du secours de la divinité pour se fortifier.

Meskin (miskin)

● ❖ Emprunté à l'arabe, où il a le sens de "pauvre", on rencontre aussi ce nom dans le français des cités comme synonyme de "nul", de "raté". A Marseille, il existe en emploi particulier dans l'expression **figure de Meskin**, pour désigner les "Sans Domicile Fixe", parfois encore dénommés **clandestoods**, américanisation cinématographique d'un terme qui confond singulièrement les "sans papiers" et les laissés pour compte de la société : « La Pelouse (la Porte d'Aix), la nuit, c'est maison de Barbie pour les figures de meskin, tu sais les crassous* man d'en ville » (Or.) ; « De nombreuses routes sont barrées pour certains niveaux de la société. Tu préférerais quoi, toi, tes 18.000 pour de la blanche pas très légitime ou finir clandestood avec ta mauvaise étoile ? » (Liste IAM).

Mettre

● ♦ Nombreux sont les emplois dans le langage marseillais du verbe *mettre* (se mettre), souvent associés à une action violente alors que l'argot national en fait un emploi largement sexuel. Par abrègement de "se mettre sur la gueule", *se mettre* c'est "se battre" : « Même si l'Ultra il est canalisé par son groupe, tu peux pas empêcher la violence complètement, y'aura toujours un Ultra et un Winner pour se mettre méchant. Des fous tu en as partout, dans le stade comme ailleurs » (Or.). **Se mettre minable**, **(se faire mettre minable)**, c'est se faire battre de manière ridicule dans la lutte, le match... : « Kasparov, i s'est fait mettre minable par Deep Blue, tu l'as pas vu marronner* aux infos hier soir ? » (Or.).

Mia

● ♦ Différentes hypothèses de sens pour ce nom masculin désignant à l'origine à la fois le nom d'une danse mythique et d'un type de Marseillais inventés "Au début des années 80" et titre de la chanson phare (d'Alexandrie) d'IAM en 1994. Première hypothèse, un jeu d'interversion des lettres formant le sigle du groupe, Impérial Asiatic Men, Indépendantistes Autonomes Marseillais ou plus conventionnellement, "je suis", affirmation d'identité en anglais, procédé dont on imaginera soi-même les effets de sens ("Marseillais Indépendantistes Autonomes"...). Izzo, quant à lui, propose de faire venir le terme de la péninsule : « Cette expression, mia, venait d'Italie. De chez Lancia. Ils avaient lancé, une voiture, la Mia, dont l'ouverture dans la fenêtre permet de sortir son coude sans avoir à baisser la vitre. C'était trop, pour le génie marseillais ! » (IZZ). D'autres pensent que le terme pourrait être le verlan d'"ami" qui désigne aujourd'hui encore un "faux ami", un hypocrite.

Synonyme de "frimeur", le *mia* est proche du cacou* mais en plus laid dans la mesure où l'attirail vestimentaire et les postures caractéristiques du personnage dans la chanson d'IAM en font deux espèces d'un même genre. Pour le portrait en pied : Stan Smith aux pieds, le regard froid, Ray Ban sur la tête, survêtement Tacchini, mocassins Nébuloni, chemise ouverte, chaîne en or qui brille, R.12 ake* volant Saint-Maclou et Pare-soleil Pionner... et bien sûr les bonnes manières avec les filles. Et plus précisément en gros plan : « Le type du bureau feuilletait une revue porno, d'un air las. Un parfait mia. Cheveux longs sur la nuque, brushing d'enfer, chemise fleurie ouverte sur une poitrine noire et velue, grosse chaine en or où pendait un Jésus avec des diamants dans les yeux, deux bagouzes à chaque main, des Ray Ban sur le nez » (IZZ). Si le terme reste encore dans l'usage largement contaminé d'images issues du folklore càcou, le *Mia* serait peut-être en passe de fédérer de plus anciennes dénominations pour ne plus constituer qu'un prototype idéal du "Marseillais" : « Fernandel, c'est le Mia primitif, la matrice euphorisante de tous les Mias de Mars et d'ailleurs. » (PdM).

Minhhgui

❑ ❖ Cette expression est une variante contemporaine du classique « m' y nègue » « je me noie », (minégui*) observée sur les écrans du Web : « T'i aimes les oursins ? Alors, minhhgui ! » (PdM).
Le sens littéral de l'interjection **Minègui** pourrait être « alors, je m'en fous ! » ou « ça va, c'est bon, lâche moi ! »

Minot (mino)

● ❖ Bien que ce nom masculin, dont l'origine est à chercher dans la famille du chat (mine, minou, minois, minette), ait diffusé sur tout le territoire, il prend à Marseille, où il est très employé, des valeurs particulières. Il désigne d'abord essentiellement, de façon affectueuse, un "gamin", un "gosse" : « Oh, Bonne Mère*, fais danser les minots, fais danser les grands-pères ! » (Mss) ; « Il y a le bon et le minot, il y a la brute et le truand, écoute maintenant le gang des Occitans » (H). Le féminin *minotte* existe, quoique moins répandu : « Une prime de dix patates si vous retrouvez la minotte, banco Loden ? » (C&A). Mais en même temps, cet âge n'a pas que des charmes avoués, les *minots* peuvent être aussi de terribles garnements, très tôt embarqués dans le désordre ambiant : « Ça a commencé quand j'étais minot babybou au collègeastre, la khnoune au nez, les profs, je les faisais craquastre » (Up.). La société actuelle n'est pas tendre avec les chères têtes blondes ou brunes : « Nos minots seront plagistes ou iront bosser chez Mc Do » (Mss) ; « Et quand décime la famine/les minots vivent de rapine » (QN). Mais être *minot* marseillais, cela s'apprend et cela se mérite, en allant par exemple aux sources véritables de la tradition : « Si tes minots un jour ont le plaisir d'y goûter, dis-leur bien de l'aimer et surtout de préserver cette richesse naturelle qui est ici représentée par la soupe de poissons » (H).

Enfin, on notera que la puissance affective du mot va jusqu'à le faire sortir du cadre de l'enfance pour lui donner à exprimer un rapport quasi familial avec les adultes, quand ceux-ci incarnent de futurs héros ou des dieux bien en place » : « les minots de l'OM ».

Moisi

● ◆ Employé au figuré, l'adjectif qui a le sens de "gâté", "pourri" suite à une trop grande maturation, est employé comme nom par les jeunes pour désigner une personne, et en particulier les parents, présentant le même état de dépérissement avancé, synonyme de "nul, pas branché" : « Bien content que les moisis récupèrent vos conneries, alors, lâchez-nous un peu au moins ce soir ! » (Or.)

L'expression plus ancienne : **il n'est pas moisi** signifie "il est déluré".

Momie

● ◆ Le langage marseillais doit-il se souvenir de ses lointaines origines méditerranéennes pour assimiler le "petit verre tube utilisé pour le pastis", au cadavre embaumé de l'ancienne Egypte, dont le nom provient de la substance même, sorte de drogue médicinale, servant à l'opération d'immortalité ? Du récipient au parfum, du parfum à l'éternité, il n'y a qu'un pas que nos concitoyens franchissent avec l'allégresse fournie par le breuvage jaune. Plus prosaïquement, le terme est un diminutif de "môme", bien implanté dans l'argot national sous la forme "mominette" (que l'on retrouve aussi mais beaucoup plus rarement à Marseille) avec d'autres significations. C'est la présence immémoriale du pastis baignant la cité phocéenne qui explique une fréquence d'usage particulièrement élevé dans les bars aux pics de diffusion des matchs de l'OM et sur écran géant :

« Avant, il ne servait que des mominettes, un tout petit verre où l'alcool avait la plus grande place.Les tournées de mominettes, on ne les comptait plus » (IZZ) ; « Au Maraîcher, tu as toujours un mercenaire de l'anis pour escamoter les momies au comptoir » (Or.).

Monter

❏ ◆ Quand les Kramés se font guinter*, il vont direct à la case **zonzon**, nom féminin qui désigne par euphémisme la "prison", en usage dans le français des cités. Mais comme à Marseille la répression vient du Nord et que Luynes, prison pour jeunes, est située dans les environs d'Aix-en-Provence, donc au Nord de la cité phocéenne, le verbe **monter** en emploi intransitif prend le sens "d'aller en prison" : « Monté une fois pour deux bricoles en affaire même pas la liasse que j'avais fait, c'est bon, terminé, je reste tranquille à l'appartement, juste je sors pour la prière » (Or.).

Mougne

❏ ◆ Cet adjectif d'origine inconnue entre en composition avec les verbes être ou rester pour signifier "être chagrin", "peiné" : « O, regarde-moi ça ! Je l'ai menée à Carrefour, j'y ai payé le Chevignon et rien à faire, elle me reste mougne toute la sainte journée ! Tout ça pour ce grand cake* qui la calcule* même pas ! » (Or.).

Mouligasse (moulégas)

● ❖ Comme tous ses camarades suffixés en "-asse" (traduction du provençal *moulegous*) et ici marqué par ses origines flasques et pâteuses, cet adjectif deux fois péjoré, équivaut au standard populaire "molasson". Il est le négatif abhorré des mots de la famille "boulégan*", qui expriment la vitalité gaillarde de la ville, son cri de ralliement identitaire et joyeux : « Pas de mouligasses que des boulégans qui sautent en l'air ! » (Mss) ; « Pas de mouli, pas de mouli, je ne veux pas de mouligasses » (Mss) ; « Avisse, mouligasse... Tu as bien failli le prendre sur la tête » (MOR).

Moulon

● ❖ Ce nom très populaire provient directement du provençal (*mouloun*) au sens de "tas", "beaucoup", "grosse quantité". Il est employé, non sans quelque exagération parfois, dans une multitude de cas : « Y'a moulon de gris* à New-Alger ! » (Or.) ; « Des moulons de croâs/frappés par la démence/se ruent sur vos épargnes/et dansent sous la transe » (QN) ; « Tous les jours, elle allait en ville s'acheter un nouveau disque. Là, elle a pu s'en acheter un moulon d'un seul coup » (BOU). Le verbe **moulonner** (amoulonner), plus rare d'usage, a le sens d'"entasser" : « Dans le film « La Haine » quand les 3 lascars moulonnent dans une galerie d'art et foutent le boxon, d'après moi c'est une allusion à Attentat 2 » (Liste IAM).

Mounine

● ❖ Ce nom féminin, diminutif de *moune* d'origine provençale (*mouno* : chatte) ou issu de *mounino* : guenon, désigne actuellement le "sexe de la femme" : « Ce mec, au bar, je vais te dire, c'est un génicologue, genre qui se fait payer pour mater les mounines » (Or.). Dans le massif de Marseilleveyre, on donne aussi ce nom à une "petite calanque fendue dans la roche"...

Mûr

❏ ◆ Quand l'argot national donne à cet adjectif le sens de "ivre", c'est ici celui de "fou", de "jobard" qui prédomine : « Faut être complètement mûr pour se constituer prisonnier dans un collège pourri du Nord quand on pourrait se planquer dans les calanques ! » (Or.). Le mot pourrait être une réduction de madur* qui lui même à le sens de "trop mûr".

Mytho (mito)

● ❖ Réduction syllabique de « mythomane », ce nom et adjectif garde le sens de "fabulateur", "menteur" : « Ô collègue, t'i es un mytho que tu as regardé le match sur le banc avec Courbis ? » (Or.). Formé sur cette base, le verbe **mythomaner (mitoner)** a le sens de "mentir, tromper" : « Ceuss qui diront le contraire, je les escoute plou, y font rien que mythomaner » (PdM). Dans le vocabulaire d'IAM qui a diffusé, on trouve le synonyme nominal **un 32**, "frimeur, roulade* atteint du syndrome du pête-cul" : « Mito, dit 32 : i se les raconte et en plus i se les crois ! » (PdM).

N

Nardin (nardi)

● ❖ De provenance arabe (nah-dîn mouk : "putain de ta mère"), cette forme francisée caractérise une insulte démythifiant la sacralité symbolique de la mère, comme le désormais très populaire "nique ta mère !", pourtant déjà bien affaibli à cause d'un suremploi médiatisé : « Nardi, va te faire mettre avec ton deal à chier ! » (Or).

Négro beurré

❏ ◆ Expression très injurieuse caractérisant à sa manière certain mélange racial de la population marseillaise, employé pour "métis" ou "sang mêlé" : « Un noir et une beur, ça donne un négro beurré » (Or.).

Néguer

● ◆ Emprunté à l'identique au provençal (*néga*), phonétiquement moins mouillé que l'équivalent français, ce verbe, pronominal ou non, a hérité des mêmes significations : "se noyer", "couler" : « S'i croivent nous engatser* sur ce coup, i peuvent aller se néguer ! » (Or.) ; « Je répands ma toile brune/toujours négué dans le bitume » (QN) (cf. minghu*). On désignait autrefois par **négachin** un « tout petit bateau, très léger, tout juste bon à noyer le chien » (ROU).

Nervi

● ❖ Ce nom typiquement marseillais et qui a diffusé dans tout l'Hexagone a une belle histoire. Attesté au début du XIXe siècle comme emploi métaphorique du provençal *nervi* ("nerf", "tendon"), il désignait alors un jeune travailleur de force, garçon de course ou portefaix, sans nuance péjorative. Peu à peu probablement sous l'influence des remous politiques et sociaux de l'entre-deux-guerres, le sens a glissé pour caractériser un personnage occupé à de moins saines activités : « Il aimait (...) les coups de poing qu'il fallait rendre aux nervis des ligues » (DUG). Il finira par être exclusivement employé au sens de "voyou", "bandit", caractérisant plutôt l'homme de main utilisé pour les sales besognes par un chef de gang : « Ma Quique avait aussi abandonné les nervis à casquette et les matelots du bar de la Croix d'Or » (CAU). La chanson, la littérature, le cinéma, ont popularisé ce type jusqu'à la caricature. Sur les diverses interprétations avancées pour l'origine du mot voir : ECH.

Niaï

❑ ◆ Cet adjectif, de consonance très éloquente, à peine moins répandu que "fada", est l'équivalent du français standard "niais". La grimace expressive que suppose le relèvement écœuré du i laisse à penser que ce qualificatif est encore moins flatteur : « Ce pauvre Maurice, qué niaï avec les filles » (Or.) ; « Je suis plutôt content d'être sorti de ce bureau, parce qu'entre l'autre niaï, son portrait maousse et sa poufiasse de garde, l'atmosphère était difficilement respirable » (CAR).

Niasquer

● ◆ D'origine inconnue, ce verbe pronominal signifie « se soûler ». Sa sonorité peu engageante, augurant une ébriété caricaturale, semble paradoxalement ne pas rebuter certains inconditionnels de la panoplie festive :

« Se niasquer entre collègues* au Fanatic, l'OM sur grand écran et pati* stéréo, la fièvre ! » (Or.) ; « Réincarné en un goret/qui couine sans arrêt/j'assume mon karma/, niasqué au pastaga » (QN) ; « Quand tu chopes le blouze/Tu te niasques mahouze » (COU). Son synonyme, **ganare**, adjectif issu du provençal, est aussi en usage dans le sens de "nul" : « Risque pas que je parie sur ton cheval, il est complètement ganare » (Or.).

Nifler

● ❖ Issu du provençal *nifla,* lui-même issu de *niflo,* grimace exprimant le mépris, le verbe a pris aujourd'hui le sens d'"ennuyer", d'"agacer" : « Les gens qui calculent leur vie au lieu de s'éclater, je les ignore, i me niflent » (Or.). Une personne *niflante* est une personne désagréable, pénible : « Elle est niflante, mémé, avec son nouveau cancer par jour ! » (Or.).

Nine

● ❖ Ce nom féminin est une forme francisée du provençal *nino,* petite fille. Il sert à dénommer de façon affectueuse ou amoureuse une jeune fille ou une femme et peut se traduire par "ma chérie", "ma petite" : « Ma nine, c'est presque miss Marseille ! » (Or.) ; « De longue*, les prétendants qui font danser les cousines mais faï virar le microphone au chevalier qui domine qu'il donne pour les nines ou qu'il est l'humeur taquine, dans ce face à face, troubamuffin* se dandine (H) ; « Combien je vous en mets, ma nine ? » (VAL).

Niston

● ❖ Du provençal *nistoun* ou *mistoun,* "bambin", "mioche", le nom a conservé une connotation féline (*mite* est un surnom affectueux du chat). Dans le sud de la France (cf. le premier film de François Truffaut tourné à Nîmes, *les Mistons*), il désigne le plus souvent un enfant jusqu'à l'adolescence, un "gamin" : « Quand vous aurez mon âge vous aussi, vous pourrez raconter à vos nistons la légende du Tarpé de la Belle-de-Mai » (Vé). Le nom se féminise en **nistonne.**

Novis

▼ ● ❖ Ce substantif pluriel issu du provençal *nòvi*, "nouveaux mariés", nouvelle mariée, avec sa forte accentuation sur la première syllabe, a conservé le même sens dans les parlers de Marseille : « Promis l'un à l'autre depuis leur tendre enfance, ces nòvis n'ont fait pour tous que concrétiser une chose attendue » (HEI). Selon l'ambiance le mot participe de l'allégresse obligée des noces : « Mira, il est beau ton « novio » ! – Hé ! Yé lui donnerais bien un beso, moi ! » (MOR), ou au contraire, quand l'illusion de l'amour s'est dissipée et une fois que sont défraîchis les habits du mariage, de la déception générale : « Les nòvis, maintenant, le temps du voyage de noces, il sont déjà divorcés ! » (Or.) ; « Alors, Maguelone, et ton nòvi » ? – Pff, adieu et bon vent ! rien moins qu'un massagan qui se prend pour un milord ! » (MOR).

O

Oing

❏ ❖ Intéressante histoire que celle de ce nom masculin désignant une "cigarette de haschisch". A l'origine du terme, le verlan de "joint", qui a donné *oinj*, bien connu des banlieues parisiennes. Dans la forme marseillaise, la finale "g" substituée au "j" marquerait-elle une appropriation locale d'un terme national ? Hypothèse plausible si l'on se souvient que très tôt, l'appendice consonnantique "g" en finale de mot a été un indice sonore de reconnaissance du parler marseillais par les "étrangers" (Putaing, cong, tu vieng ?...). Source d'ironie au dehors, cet appendice sonore revendiqué du dedans par des Marseillais pourrait alors être compris comme un élément de fierté identitaire : « Hi-Hop = breakdance + graphs + rap, et parfois on y ajoute la sape et l'oing » (Liste IAM).

Olive

❏ ◆ Au sens d'"uriner", la formule **mouiller l'olive**, très imagée, ne manque pas de verdeur ou de noirceur, comme on voudra ! : « Le bisou d'un chapacan* exilé sur la capitale qui regrette bien de ne plus pouvoir mouiller l'olive à l'ombre d'un pin parasol, le verre de fly* entre les mains un soir de juillet à Callelongue (PdM) ; « Putain con ! où tu vas encore ? – Je vais changer l'eau des olives ! – ah, ah, ça urge ! C'est là-bas au fond » (MOR).

Ouaille (Ouaï, Oaï, Why)

● ❖ L'expression **faire (mettre) le ouaille** particulièrement en cour actuellement a le sens de "mettre l'ambiance" ou "semer la pagaille" (synonyme d'estrambord*, de pati*). Deux origines au moins sont possibles, le provençal *ouai,* "interjection de surprise, de déplaisir ou de douleur" et l'italien *guaio* [pron.gouaio], "malheur, difficulté". L'expression n'est pas si récente, puisqu'on la trouve déjà chez Bouvier sous la forme du masculin "guaï" et "faire le guaï". Les fluctuations graphiques du mot disent aussi bien sa popularité que son caractère oral ; on l'entend beaucoup dans les milieux sportifs ou musicaux : « Les abonnés, ils ont pas aimé qu'on mette le ouaille avec nos grosses caisses, nos fumigènes, ils ont fait une pétition, le club nous a viré du 1/4 de virage » (Or.) ; « Bonnes tronches, grandes gueules, voici ceux qui font le Marseille qui pétille et qui scratche. Ils mettent l'ambiance, le souk, le feu... le ouaï quoi ! » (NOV).

Ouaneguène (ouanesguenne, ouane eugaine)

❑ ◆ Quand le Marseillais s'amuse à singer le vocabulaire anglais, cela donne toute sortes de déformations inventives qui relèvent du canular linguistique ; ici l'expression pourrait se traduire par "trop beau" : « La coupe à la oneguène, tranquille... one-again-a-shoe dans la cité des tosters, le sound de l'obscur défait le malheur !!! » (Or.) ; « Ouane eugaine maure » (Vé) ; « J'avais une méchante permanente à la ouanesguenne/un peu d'eau dessus, du gel uah, le beau gosse » (IAM).

Oursinade

● ❖ Ce nom féminin ne désigne pas seulement, comme le disent certains dictionnaires, une "partie de pêche aux oursins", mais aussi et surtout un repas à base de ce fruit de mer qui, par son aspect convivial, peut prendre la dimension d'une fête de village : « Ô Ginou, tu viens dimanche à Carry, y'a une oursinade monstre » (Or.) ; « Les gens s'étourdissent en carnavals et en oursinades » (DUG). Mais le terme, piquants obligent, peut aussi désigner une "affaire tordue", une "baston" : « Hier soir les collègues* i se sont filé avec les flics à Montredon pour une histoire de casques. Oursinade grave » (Or.).

P

Pachole (patchole)

● ◆ Du provençal *pacholo* signifiant primitivement un mélange de choses disparates, on est passé au sens verbal de "tripoter" et par extension, et fort vulgairement, au "sexe de la femme" : « Quand un mec il a le doigt lourd, de suite ma pachole elle se met en oursin ! » (Or.). Le nom peut désigner aussi une "fille de petite vertu" : « Tu y mettras pas les pieds chez ta mère, avec ta blondasse de pachole » (Or.). On emploie aussi le diminutif – plus affectueux – de **pacholette** : « Vingt minutes de cuisson, ma pacholette » (VAL). Dans le parler des cités, circule actuellement le nom féminin **pounatche**, dont l'origine nous est inconnue, synonyme des précédents.

Pacoule

● ◆ On donne généralement comme origine de ce nom féminin le provençal *pacan* qui signifie "manant", "gueux", "paysan". Le lieu de résidence de ces pauvres hères, tous **pacoulins**, c'est une sorte de "bled", éloigné de toute forme de civilisation et pour cette raison, moqué sauvagement par les citadins ou les intellectuels : « Tous les branchés « pseudo-intello-mescouilles » méprisent les gens, les prennent pour des andouilles. Ils les appellent pacoulins » (Mss).

Palangrotte

● ❖ Base de l'équipement et emblème des pêcheurs marseillais, professionnels ou plaisanciers, palangres et palangrottes doivent leur succès à leur simplicité technique adaptée aux besoins de la pêche côtière. Le premier terme (nom féminin) désigne une "longue ligne de fonds armée à intervalle régulier de gros hameçons appâtés à la sardine ou aux coquillages" : « J'avais l'impression de pêcher à la palangre. Plein d'hameçons, et j'attendais les touches » (IZZ). La *palengrotte* est le nom féminin d'un "support de ligne et d'hameçons", fait anciennement de fibres d'aloès et de crin de florence (aujourd'hui, en liège) et tenant lieu de moulinet : « Eté con, comme tous les étés, la mer, la palangrotte, les mouettes, les cigales, les touristes se régalent » (Vé).

Palenquée

● ◆ Dérivé de *palan* (appareil de levage) par l'ajout du suffixe "-ée" marquant la mesure, ce nom féminin devient synonyme de "grosse quantité" en général et pas seulement du contenu du filet de marchandise soulevé par le crochet de grue qu'il désignait originairement : « Te fais pas le souci, ta palenquée d'oursins, elle passera pas l'apéro » (Or.).

Panisse

● ◆ Ce nom féminin désigne un "rouleau de farine de maïs" que l'on fait griller ou frire à la poêle ; il se vend le plus souvent à la devanture des boutiques proches des marchés ou des lieux de loisir en compagnie des pizzas et des chichi-fregis*: « Elle vendait des panisses/elle vendait des saucisses/elle vendait des chichi-fregis/au Bar de la Rade/Près de l'Estaque plage » (QN). La notoriété du terme est attestée par son utilisation comme nom propre : le personnage de Panisse chez Pagnol.

Paraviré

❏ ◆ D'une origine provençale (*paravira* : virer de bord), ce terme de marine a fini par jeter son ancre dans les eaux troubles de la violence ; nom masculin, il désigne désormais non seulement un "revers" mais aussi une "grosse gifle" au sens propre comme au sens figuré : « Un paraviré électoral, ça te remet en route toutes les girouettes de la mairie » (Or.).

Parler

● ◆ On sait que les enjeux de la parole sont d'importance à Marseille ; il y a des mots inoffensifs, qui n'ont ni passé ni avenir ; il en est de conséquents qui vous brisent une réputation. Le verbe parler, employé transitivement peut signifier "insulter" dans certaines circonstances dramatiques, celles, en particulier où l'honneur est en jeu : « C'est ma sœur que tu parles, là, j'ai pas compris, redis un peu ! » (Or.). A l'expression **parler Kartier** (langage des Quartiers Nord), on ajoutera **parla patois**, injonction programmatique du Massilia Sound System, toutes deux s'opposant à **parler pointu** devenue dénomination injurieuse des Parisiens ou à la langue de l'école, **parler Komifo**.

Parole

❏ ❖ Les locutions adverbiales **lever** ou **retirer la parole**, issues du provençal (*Que Dieu me lève lou parla*) accordent elles aussi toute son importance au langage, elles signifient : "ne plus adresser la parole à quelqu'un", ce qui est localement une injure suprême : « Le beau-frère, il a levé la parole à la famille, on sait même plus pourquoi » (Or.).

Parpeléger

❑ ◆ Ce joli verbe ailé est emprunté directement au provençal et avec les mêmes sens : "battre des paupières", "cligner des yeux", et par extension "racoler du regard". Les stars de cinéma nous ont habitués depuis longtemps à ces "baisers de papillon" : « Vé quelle est belle, la Barbie Mac Do, à parpeléger quand tu la bouges ! » (Or.) ; « Tu sais que c'est le printemps quand les filles elles recommencent à parpeléger à mort sur la Canebière » (Or.).

Pastaga

● ❖ Au terme de "pastis", largement soupçonné de récupération hexagonale, on préfère cette variante à la sonorité ensoleillée, très usitée au comptoir ou dans des situations de vacance souriante et caniculaire : « Je suis un moins que rien si tu me vois descendre un pastaga au bar du coin pendant que les autres se font trouer la paillasse » (CAU) ; « Et pour ces messieurs dames, ce sera ! / – Vodka en l'honneur de notre ami Ivan / – Je préférrrence pastaga ! » (C&A).

Pastis

● ❖ L'ancêtre, le dinosaure de la grande famille des jaunes*, c'est quand même lui, l'apéritif anisé le plus populaire de Marseille et d'ailleurs, dont l'origine provençale baigne pourtant dans le trouble, la complexité et l'embarras, sens qui lui sont restés aussi. Bien entendu, le breuvage naturalise marseillais, surtout s'il est servi dès la naissance... : « Conçu à Marseille, élevé au pastis » (Or), ainsi se désigne un enquêté ! Par métaphore l'ambroisie des Olympiens peut se révéler saumâtre et toxique : « S'il déclenchait une bagarre, ce serait un brave pastis ! » (CAU).

Pastisser

● ❖ Du provençal *pastissa*, "faire un pâté" (en particulier dans le vocabulaire des jeux d'enfant), le verbe a évolué normalement au sens de "mélanger", puis de "salir" : « Attends-moi une seconde dans la voiture, juste que je me purifie les mains au savon Mars, que sinon je vais pastisser mon beau volant Saint-Maclou » (Or.).

Pastisson

● ❖ Quand l'école n'était pas ce qu'elle est aujourd'hui, un élève indiscipliné risquait de recevoir un *pastissoun*, c'est-à-dire, selon Mistral, un coup de férule. Nos contemporains ont transformé ce châtiment corporel barbare en une bonne gifle **mise** ou **virée** à pleines mains, ou familièrement une "torgnole", une "beigne", sens qui sont restés pour tous usages : « Si tu étais pas une fille, tu aurais le pastisson » (CAU) ; « La pastisson, i va pas tarder à l'avoir, celui-là, à me manquer des yeux » (Or.).

Pàti

● ❖ Le nom désignait en provençal le "lieu d'aisance", le W.C., "le cabinet" (prononcer pàti) : « Le pati, c'est le coin lecture chez nous » (Or.) ; au figuré, le mot sort du contexte pour prendre le sens de "désordre", "pagaille", (« le bordel sans les filles, mais avec la panique », PdM) rejoignant le très populaire français "merdier", en lui donnant une couleur plus locale, échappant à Cambronne : « Deux minutes d'absence, et c'est le pati dans la cuisine » (Or.). Dans la même veine, l'expression **mettre le pati**, c'est semer le désordre, souvent supplantée aujourd'hui par « mettre le ouaï* ». On dit également **mains de pati**, pour désigner une personne malhabile.

Patin-coufin (patin-couffin)

● ♦ Cette curieuse expression nominale très sonore est un croisement de *patin* (au sens de galoche, chaussure) et de *couffin*, deux termes qui n'ont a priori aucun rapport de fonction ; son équivalent en français standard pourrait être "et caetera", "et tout le reste" : « Il boirait de la grenadine en même temps qu'il ferait des galipettes et tout le bataclan, les bisous, les chatouilles et patin-couffin » (CAU).

Payo (payot, payote)

❏ ❖ Nom le plus souvent employé au masculin, d'origine romani et qui désigne "celui qui n'est pas gitan" (synonyme de gadjo*). Employé souvent de manière péjorative, au sens de "français", "petit bourg' vu par un crapuleux" (Or.), il désigne une catégorie sociale identifiable par la tenue (cheveux teints, chaussures rouges, pulls amples, lunettes de surfer) ou l'activité : « Les skaters du Tribunal, c'est que des payots bons à l'égorge (à tuer) » (Or.) ; « En terminale cette année, y'a dégun d'Olympiens, c'est plus que des payos » (Or.). Toujours pour une personne, le terme est fréquemment synonyme de "nul" (Voir **gadjo***).

P.B.C

❏ ♦ Ce sigle résume dans sa concision une triple activité de l'aire marseillaise, relevée comme stéréotypale et moquée par les étrangers ; développé, cela donne : "pastaga"*, "boules", "contrée" : « Guillaume L., qui vit à Paris, France, nous dit : un fada qui travaille à la capitale des blaireaux et qui ne rêve que d'une chose, c'est de redescendre du côté de la Bonne-Mère taquiner Pastagua, Boules, et Contrée sous le soleil et le chant des cigales » (PDM) ; « Chez moi, j'ai toute la tuyauterie en PBC, pastaga, boules, contrée » (Or.).

Pébron (-asse)

● ❖ C'est dans une origine végétale (*pebroun* : piment) que baigne ce nom masculin employé pour "bourgeois vaniteux", intolérant et qui "parle mal" : « Mais t'entends pas ces coups d'bâtons/tous ces pébrons faire un carton/avec des mots remplis de haine/si la couleur n'est pas la même » (Vé). Le mot est d'un emploi systématique dans le langage des musiciens du Massilia Sound System et toujours dans un sens très péjoratif : « Les pébrons, les conos*, les emboucans* je les mitraille » (Mss). Le seul antidote pour les neutraliser, c'est la bonne vibration particulièrement musicale : « Dis-le moi ! Qui fait la nique aux pébrons ? le reggae fait la nique aux pébrons » (Mss). Et, comme dans la tradition occitane la plus pure, les nouveaux troubadours de Marseille guerroient en chansons : « Pour les jaloux, les conos, les pébrons, nous avons un tas de « sirventès »[1] (Mss). L'augmentatif **pébronas (se)** rajoute une couche supplémentaire de mépris : « I fait le fier, ce pébronas/Oh, Bonne mère, qué counas ! » (REN)

Pécaïré, peuchère

● ❖ Interjection provençale très usuelle et célébrissime hors des frontières de la "république marseillaise" sous la forme française *Peuchère !*, traduisant la surprise, l'attendrissement, l'admiration ou la pitié. Dans le parler des Marseillais, bavards impénitents qui tiennent plutôt le silence et les pauses de la conversation comme haïssables, le terme a principalement pour fonction de remplir les vides de l'échange, une sorte de "et bien" suspensif, allusif ou encore énigmatique : « Les politiciens et les truands, peuchère... des échanges de

---

(1) En ancien occitan le terme désignait un poème satirique ou moral inspiré par l'actualité politique (surtout guerrière) chanté par les troubadours.

bonne manière, ç'a commencé avant guerre avec Carbone, Spirito. S'il est élu, té*, le politicien y renvoie la balançoire » (BIG). Et même lorsqu'il faut le traduire par "pôôôvre de nous !", il reste une convention de langage, bien plus qu'une marque de commisération réelle à l'égard d'autrui : « Peuchère ! Il va nous faire pleurer » (AUT) ; « Peuchère, on dirait le mime Bernardi » (MOR).

Pécou (pécout)

❑ ❖ Du provençal, nom masculin qui au sens propre, désigne une "queue". Sur les marchés, les "fruits sans pécout" ne plaisent pas au client et vont rejoindre la "rafataille", le "rebut" de toutes les marchandises avariées. Au figuré, c'est bien évidemment au "sexe de l'homme" que par métaphore, le mot fait référence : « Et mon pécou, tu l'as pas regardé ? » (MsW) ; « Arrête de te taquiner le pécou, ô, ties pas seul dans le métro que tout le monde, on nous regarde ! » (Or.).

Pègue

● ❖ Les mots *pègue* et ses dérivés adhèrent à la langue provençale comme la matière qu'ils désignent en provençal : la poix. Ce nom féminin et adjectif a le sens de "colle", "collant" pour une chose et beaucoup plus fréquemment en usage figuré, pour une personne : « Je te dis ma collègue*, je te dis franchement, c'est une vraie pègue » (QN) ; « Le vieux Germoni, la plaie, la colle, la pègue. La mémoire de la Ville avec ses chroniques d'histoire locale » (MER). Le terme s'adresse encore, mais plus rarement aux "policiers" : « Vé ! Regarde les moustaches des pègues (flics). Oh, oh... Ouh ! encore un à la flotte ah ! ah ! » (MOR). Et l'on ne rencontre que rarement **pégon**, pour "crampon" : « Moi, les hommes, je les aime un peu loin, j'ai pas la mentalité d'une pégon » (Or.)

Le nom masculin **pégot**, dénomination des "savetiers" puis des "cordonniers" est moins fréquent aujourd'hui au propre qu'au figuré, où il a le même sens que *pègue* : « C't un pégot de la bouche, i voudrait que furer* » (Or.).

L'adjectif **pégueux (-euse)**, "collant(e)", s'applique très souvent aux mains des bricoleurs, plus rarement aux lieux et situations dont on ne parvient pas à s'extraire. Son synonyme "envisqué" ("engluer"), lui, n'est plus en usage : « D'un trottoir huileux, le plastoc de mes sandales colle aux goudrons pégueux » (QN).

Le verbe **péguer**, très fréquent d'emploi, a le sens de "coller" : « Putain ce qu'elle pègue, cette sauce ! » (Or.) ; « J'ai beau péguer à l'écran, jamais j'y vois un message qui m'est destiné rien que pour moi toute seule » (PdM). On se rappelera, enfant, des parties de cache-cache : « C'est ton tour, à toi de péguer ! » (Or.).

Formé sur le précédent, le verbe **empéguer** particulièrement en usage, prend différents sens liés à l'idée de dépendance, d'adhérence. Le plus commun reste sans conteste "se saoûler" : « I se sont empégués/Jusqu'à la nuit tombée/A la santé peuchère/De l'estranger » (REN). Le verbe signifie aussi "attraper" (« j'étais à peine à 150 sur la Rocade, quand les flics ils m'ont empégués », Or.) ; "cogner" (« il est borgne, ce minot*, il arrête pas de s'empéguer toutes les portes du magasin », Or.) ; "mettre" (« attention ton costume, tu vas t'en empéguer partout », CAU), ou encore "supporter" : « Je me la suis empéguée toute la soirée, les autres i la connaissaient, tu parles ! » (Or.)

Le verbe pronominal **dépéguer** a le sens de "s'arracher de l'emprise de quelqu'un", "se détacher de". Leurs utilisateurs donnent l'impression qu'ils leur collent à la bouche ou engluent leurs doigts. La difficulté à se débarrasser de cette substance apporte un renchérissement de la péjoration : « Six mois qu'on est plus ensemble et elle continue à m'appeler sur le répondeur ! J'arrive pas à m'en dépéguer ! » (Or.).

Pépinos

❏ ❖ En italien un *pepino* est un écrivailleur. A Marseille, dans le langage des jeunes, le nom masculin, affublé de la finale argotique "-os" (modèle de craignos), désigne un "nul" : « Ô Freddy, t'ies pépinos ou quoi ? t'ias pas vu que le feu il est vert depuis un quart d'heure ? » (Or.) ; « Tu as raison, il faut se méfier des spécialistes du sommeil qui te transforment en pépinos et encourager les frères qui se battent contre Donald Mac » (Liste IAM).

Perroquet

● ◆ Dans l'univers fluctuant des mélanges à base de pastis, ce nom masculin du "pastis-menthe", coloré d'exotisme, constitue une évocation ou un stimulant de l'agitation verbale marseillaise à travers l'image du "perroquet parlant", inséparable compagnon du corsaire et autres barbaresques : « Boire un « perroquet parlant » à l'idéal, c'est méchant ! » (Mss) ; « Je lance les noms à la volée : dédicace à Paul qui fait parler le perroquet, dédicace à Charpie qui le boit à peine dilué, dédicace aux Winners, à la santé des Olympiens » (H).

Pescadou

▼ ● ◆ Emprunté au provençal, ce nom masculin qui désigne le "pêcheur" unifie en une seule catégorie des métiers pourtant très diversifiés jusqu'à l'arrivée du chalut. Le terme doit sa "montée" nationale à la célèbre opérette de Scotto & Alibert, *Les pescadous de la Martiale*, sans pour autant que les travailleurs de la Méditerranée se soient débarrassés d'une image folklorique et malveillante qui les représente inactifs, traînant leur faconde dans les bars du Vieux Port plutôt que des filets chargés de "poissons d'ici" (ce n'est qu'assez récemment que les Marseillais ont cessé de dédaigner les "poissons de dehors", de l'océan) : « Ces noms de poissons, totenne, tout ça, y'a plus que dans le milieu des pescadous qu'on les emploie, à la poissonnerie de ton supermarché, c'est les noms français que tu trouves » (Or.) ; « Les pescadous sont meurtriers et des conseils ils te donnent pour relever le fumet » (H).

Péter

❏ ◆ Ni scatologie ni violence dans l'expression verbale **faire péter** qui étend l'usage de l'ancienne tournure familière "faire pêter la baraque, la boutique, etc." à l'univers musical de la house et de la techno. Elle est une invite à l'explosion rythmique, une revendication de puissance qui s'exprimerait en watts, avec le sens d'« augmenter le volume, accélérer le rythme, démarrer la musique » (« Fais péter les watts », Or.). Par extension, l'expression est devenue synonyme de "donner", "passer". Certains usagers attribuent l'évolution du sens à l'existence d'une gestuelle accompagnant la revendication de bon-gros-son par les ravers, équivalent non verbal d'un « Donnez-nous nos watts quotidiens » adaptable à tout autre type de demande : « Faites péter la Pietra [bière corse], siouplaît ! » (Or.).

Péton

❏ ◆ Issu du provençal, ce nom masculin désigne un "petit pet", un "tas", une "faible quantité" ou une "chose sans valeur" (synonyme, un "pessu", une pincée, terme en voie de disparition, mais qui survit dans les dérivés *pessuguet, pessuguette,* au sens de "douillet", "fragile"). Traditionnellement en usage domestique, à table ou en cuisine (« allez, prends-le, ce péton d'alouette qu'il va rester tout veuf » (Or.), on le rencontre au figuré où par glissement de sens déjà ancien, il exprime la faible valeur d'une chose ou d'une personne, d'où l'expression aujourd'hui disparue **une histoire de péton-pétet** pour désigner un "propos futile" (ROUB) : « *La Marche du Siècle*, ça vaut plus un péton » (Or.) ; « Ce péton de West coast qui pollue la liste, va falloir qu'on se le repère et qu'on se le sorte fissa » (List IAM).

Pétoule

● ❖ De la crotte provençale *péto* dérive ce nom féminin qui, dans la Marseille urbaine où les chevriers tout comme les chasseurs (de gibier, s'entend) se font rares, s'applique le plus souvent à l'activité favorite des conducteurs pris dans les embouteillages, à savoir se rouler des "boulettes de crottes du nez" : « Vé dans la file de gauche le chauve qui se fait une pétoule » (Or.). Sur cette base, on a construit aussi le populaire **pétoulet**.

Pièce

● ❖ La vie domestique marseillaise connaît plusieurs termes pour désigner le tissu basique du nettoyage, la "serpillière", et parmi ceux-ci, avec l'estrasse* et le frottadou*, la *pièce* (du provençal *pèço*, "coupon fait d'une pièce entamée") : « Ensuite avec le *lessif* ou la *Pigeonne* (une marque d'eau de Javel), elle [la *femo d'Oustau*,] la "bonne ménagère" lavait à genoux par terre, frottant avec une *pièce* afin que son intérieur *ne semble pas un poucieu* (porcherie) » (ROU) ; « Bon, vous pouvez donner un petit coup de pièce ? pour le sang... Elle est sous la pile* » (MER).

Pied

❏ ◆ A l'expression argotique "prendre son pied" dont la rigueur algébrique liée à la valeur métrique de l'organe de référence constitue une limite à l'évocation du plaisir, le marseillais préférera l'expression **le pied tain Keucébo** (pour les puristes de l'orthographe grammaticale, « le pied putain que c'est beau ! »), qui marque en raccourci l'étonnement émerveillé : « Soleil couchant aux Goudes, le pied tain Keucébo » (Or.) ; « Ce mail que tu m'as posté, le pied tain Keucébo ! » (PdM). On entend encore l'expression **se tenir les pieds au chaud**, pour caractériser une relation durable dans un couple.

Pile

❏ ♦ Ce nom féminin, passé du latin *pila* ("support") au provençal désigne un "évier" traditionnellement en pierre (de pierre froide ou de Cassis, pour les puristes !), évidé en cuvette au milieu pour recevoir l'eau du tian* mais qui, avec l'évolution des matériaux peut être en acier inox, ce qui lui enlève sans doute une part de son charme, sinon sa fonctionnalité. Si l'objet est appelé à disparaître comme lié à un type d'aménagement intérieur qui a fait son temps, le mot n'a pourtant pas perdu de sa vigueur dans la langue populaire : « Quand t'i auras fini de te la jouer Spice glandos, tu me lèveras tes gamates* pourries qui traînent sur la pile depuis deux jours, mon collègue* ! » (Or.) ; « Obligé maintenant je cache le pastaga sous la pile, dans une bouteille d'huile d'olive mais qu'il est capable de trouver quand même va ! » (Or.).

Pimper

● ❖ Alors que le français moderne ne conserve plus que l'adjectif et participe présent "pimpant(e)", dérivé du verbe *pimpar* de l'ancien provençal, ce verbe pronominal est encore largement en usage à Marseille avec le sens de "se maquiller", "s'embellir" : « C'est plus un collège, c'est une annexe de Curiol, tellement elle sont pimpées, nos filles » (Or.).

Pissadou

● ❖ Si ce mot masculin issu du provençal ne sert plus à dénommer un "pays où il pleut toujours", il reste bien vivant dans l'usage, synonyme d'"urinal" ; au-delà du réceptacle proprement dit, il s'applique par extension à l'espace-toilette, "WC, Ouatères" : « Tu crois que les Arméniens, c'étaient les seuls qui n'avaient pas de WC à l'intérieur ? A Marseille, je connaissais des tas de maisons avec les pissadous au bout de la terrasse ou à l'étage » (Or.).

L'expression **avoir des lèvres en rebord de pissadou** désignait par analogie de forme « les personnes à visage plat » (ROU).

Pistachié

▼ ❑ ❖ Le nom masculin est emprunté au provençal (dérivé du verbe *pista :* "suivre"), où il désigne un "vert galant", un "coureur de jupons" : « Ah mesdames ! vous avez beau faire, un chapeau n'arrive pas à cacher la beauté de vos yeux » ! – Celui-là, à faire son pistachier ! je te le dis, ça le perdra » (MOR). Cause ou effet de sa popularité, cet "amateur de jolies filles", qui figurait à Marseille en bonne place dans les pastorales, a vu sa réputation s'étendre ; le mot fait partie de l'argot commun. Le roi des *pistachiés* était envié pour ses conquêtes mais tout aussi craint pour les désordres qu'il entraînait dans les familles ; « Sur le Cours et alentour on dit, parlant de lui : « c'est un fameux pistachier » (HEI).

Pistou

● ❖ A l'origine de ce nom masculin, le verbe provençal *pisto*, "piler", "broyer" qui rend compte de l'essentiel de la préparation de la "soupe au pistou", plat d'origine gênoise adopté et adapté à Marseille : « Les feuilles de basilic qui parfument la soupe au pistou doivent être "pistouillées" au pilon dans un mortier avec de l'huile d'olive, de l'aïl et des pommes de terre bouillies [le *pistou* n'est donc pas le basilic mais la façon de le cuisiner] » (ROU) ; « La grande bringue aux cheveux filasses apporta une soupière qui répandait une bonne odeur de pistou » (COU).

Comme l'aïoli*, la soupe de pistou tient lieu de marqueur d'identité marseillaise et prend au figuré le sens de "mélange", "métissage" : « Voici la plante sacrée, fils de la cité, méfi*, boulègue*! Odorant, magique, puissant, libérateur, réparateur. Boudi*, et qu'en faire ? – de la soupe, pardi, fadoli* ! » (Vé) ; « Le grand pistou des couleurs, ça a toujours été ça, Marseille » (Or.)

Pitchoun

● ❖ Nom masculin (féminin, pitchoune) d'origine provençale, synonyme d'abord de "petit(e)" (XVIIIe siècle) puis par spécialisation, d'"enfant" : « Nos pitchouns à Marseille, ils sentent pas le renfermé, ils sentent la mer et le soleil » (Or.) ; « Dites, un peu plus, vous embronchiez* le petit pitchoun ! – C'est qu'il est beau, votre petit Marcel, Mme Pagnol, ça lui fait quel âge ? – Hé ! il va sur ses deux ans ! » (MOR). En emploi appellatif, on rencontre très fréquemment le diminutif à valeur affective "pitchounette" désignant une "jeune fille" : « Rasta, t'as pas un peu de produit ? – Je deale plus depuis un moment, pitchounette » ! (UCC) ; « Tu l'as choisi ma pitchounette/Et ça mets-toi le dans la tête/Si tu as peur de sa quéquette/Fallait pas jouer les midinettes » (QN).

Piter

● ❖ En provençal, le verbe a d'abord le sens de "picoter", "béqueter" (XVIIIe siècle), puis "grignoter" : « Cette petite, elle mange pas, elle pite » (Or.). A table, le verbe s'emploie aussi pour signifier l'action de "dérober subrepticement" une petite quantité de nourriture dans un plat, avant le repas : « Pite pas les chips, que sinon tu vas te couper l'appétit » (Or.) En emploi spécialisé dans le domaine de la pêche, il est synonyme de « mordre à l'hameçon » : « Attends que ça pite franc pour donner un bon coup de poing au soleil [tirer sec la ligne] » (Or.). Au sens figuré, le verbe signifie "mordre", "goûter à" : « V., il a pité à la politique pour se caguer* au bout » (Or.).

Place

● ♦ L'expression **en place**, commune au spectacle où elle marque la maîtrise des artistes ou accompagne une mise en scène bien réglée (un texte ou une partition musicale en place sont bien maîtrisés), est employée par les jeunes avec une évidente connotation normative, pour désigner une "tenue vestimentaire irréprochable", bien entendu selon les critères de catégorisation sociale en vigueur : « Un Krapuleux looké Versace, il est en place » (Or.)

Plan

● ❖ L'ancien provençal *plan,* "doucement", ne s'emploie plus seul comme synonyme de "calme, insouciant, flegmatique" : (« il a le sang plan ou sant plan pour indiquer le manque d'émotivité », JEAN) mais par redoublement, dans l'expression **plan-plan**, qui est entrée dans le français commun avec le sens "d'aller calmement", "tout doux, tout beau", "faire discrètement ses petites affaires" : « Le derbaka, fils, ça se joue pas comme ça, plan-plan, sinon y'a pas de fête » (Or.).

Pointer

❏ ♦ En usage chez les jeunes, le verbe joue sur des significations plus classiques pour prendre le sens de "rompre" une relation amoureuse, contrepied aux différentes formes argotiques du terme (qui référent à la pénétration sexuelle) et clin-d'œil ironique à sa signification dans le monde du travail, "pointer au chomage" quand on a perdu son emploi : « Ça y est ? la quille ? tu l'as pointé, alors, Sabrina ! » (Or.) ; « A quand la pointe ? » (Or.).

Pointu

● ◆ Parmi les embarcations traditionnelles de pêche, à côté de la barque* toujours très présente ou encore de la "bette", plus rare aujoud'hui ("bateau à fond plat, sans quille"), on trouve le *pointu* désigné par sa forme, "bateau effilé, sucé, à l'avant et à l'arrière", avec différentes variantes suivant les types de pêche : « Car la pêche dans le Midi est avant tout une passion qui a grandi au fil des ans et des générations, en passant plus de temps sur leur pointu que dans leur maison » (H) ; « Mon bateau était amarré huit marches plus bas. Un bateau de pêcheur, un pointu, que j'avais acheté à Honorine, ma voisine » (IZZ).

Posse

❏ ◆ Nom masculin emprunté au vocabulaire jamaïcain des Sound System, raggamuffins, chelous et autres B.Boys marseillais synonyme de "tribu" : « Mon posse s'appelle chourmo et mon groupe Massilia » (Mss) ; « Les ambiances de discothèque ont été tournées dans une boîte de la banlieue marseillaise. Le public appartient au posse d'IAM » (site web IAM).

On doit au Grand Mahapistou Jo Corbeau une cartographie *poliorcétique* ("art d'assiéger les villes", NdT) des 13 posses de Massilia : « les Crabes du Panier, les Rascasses d'Endoume, les Sardines de la Busserine, les Choucas du Roucas, les Murènes de la Plaine, les Oursins des Aygalades, les Violets de la Pointe-Rouge, les Poulpes de Malmousque, les Daurades de l'Estaque, les Mouettes de Mourepiane, les Anguilles du Centre Ville, les Esques de Périer, les Chiens du Cours Julien...» (Vé).

Poubelaïre (poubelier)

❏ ◆ Le provençal connaît *bourdihaire* pour "éboueur" et la finale en "-aïre" de ce nom masculin atteste de l'intégration au parler local de ce qui est au départ une création à partir de la base française "poubelle" : « Poubelier, c'est ton rêve petit quand tu as eu le camion-benne » (Or). Au figuré, désigne une "personne négligée" dans l'expression **faire poubelaïre** (BOU), marginale dans l'usage actuel.

Pourquoi

❏ ❖ Très classique substitut conjonctif du "parce que" commun (on entend aussi "pasque"), par emprunt au provençal *perqué* : « Je suis rentré, parce que ma mère m'a appelé ; Dites-le maintenant en style soutenu – Je suis rentré, pourquoi ma reum elle m'a crié » (Or.) ; « Toi je te dis rien, pourquoi tu es une brave femme » (DET).

Pourrave

Application du suffixe romani "-ave" au français, "pourri", employé comme nom et adjectif : « Pas de mélodies pourraves, ou c'est le massacre » (IAM). Si le terme existe ailleurs, **pourrave de la crèche** (on pense "ravi de la crêche") est bien marseillais.

Pressing

❏ ◆ Par analogie de fonction, ce nom masculin désigne une "boîte de nuit destinée au blanchiment d'argent" : « Les pressings marseillais connaissent depuis quelques mois une brusque flambée de la mortalité par balle » (PdM).

Prod

❏ ♦ Raccourci de "produit", ce substantif connu dans les banlieues parisiennes reste particulièrement en usage à Marseille comme dénomination de la "drogue" sans précision d'espèce : « Désolé, je prends plus de prod, je suis plus seul dans la vie » (Or.).

Purge

● ❖ Classique exclamatif qui a le sens de "hé bien" (provençal *purgo de...*, purge de...) et marque une palette de sentiments comme l'étonnement, la colère ou la désapprobation : « Purge, c'est ça ta blague à se rouler par terre ? » (Or.).

Putain

❏ ♦ Des formes marseillaises d'une interjection universellement connue, on retiendra l'expression **être putain-qui-gave** en emploi superlatif, "extraordinaire", "colossal", "super" : « Elle est putain-qui-gave, ta sœur, mais de derrière alors ! » (Or.)

Pour signifier une "heureuse initiative", le Marseillais n'hésitera pas à ponctuer son satisfécit d'un **putain qué bonne idée** : « Si je tenais celui qui a eu la bonne idée, que dis-je, la putain qué bonne idée de monter ce site, vé, je voyage sans bouger et je sens déjà l'odeur de l'aïl et de l'huile d'olive ! » (PdM)

● ♦ Beaucoup plus classique et encore très vivante dans une période de menace sur les cumuls (de mandats électoraux, jusqu'ici), l'interjection **putain, con !** qui fait toujours son petit effet d'emphase de la simple addition d'injures dûment répertoriées : « Putain con, le cave, dans deux minutes, tu vas crever les tripes à l'air. Alors, tu vas pas la ramener, con ! » (STAN)

● ♦ **T'aing**, abréviation de "putain" pour les locuteurs pressés et très utile pour appuyer la phrase dans la chaîne parlée, s'adapte à tous les types de discours.

On notera l'effet sonore final (prononciation ("aing"), sorte d'appendice caractéristique de la prononciation marseillaise et méridionale en général[1] : « T'aing sa pachole*, tu t'y attends pas j'te jure, c'est Prado Carénage ! » (Or.). En composition avec le vulgaire *cong*, lui aussi sonorisé en finale, cela est d'un exotisme flamboyant : « O t'aing cong, qu'il est cong ce cong ! » (Cité lors d'un savant colloque de linguistique !).

---

(1) Repéré par les visiteurs extérieurs, comme en témoigne cet extrait de Becassine chez les Turcs (1950) : « Lieutenang, il faut embarquer, pas moyeng d'attendre davantage, vous tirez au flang ».

Q

Qué

● ❖ Basique de la famille des "parasites du langage" et autres "tics accompagnant les péripéties du discours" (ROU), le terme issu du provençal tient à la fois de l'interrogatif d'approbation "n'est ce pas ?" et de l'exclamatif de réprobation, "et puis quoi encore !" : « Eh qué, va te faire, bouche* que tu es ! » (Or.). Toujours exclamatif, il est très souvent employé comme adjectif interrogatif substitut de "quel, quelle" : « Qué misère ! » (COU) ; « Je vois encore mon père en train de rire : c'est peut-être le vent qui l'a emporté [le chapeau] ? Qué vent, dit ma mère, y a pas de vent » (BOU).

Queutchi

❑ ❖ Synonyme de "rien", dans la longue liste d'éléments néantisants. Emprunté au romani *tchi*, "rien", à l'origine de la forme inversée **chti** (qui fait plutôt patois du Nord !), beaucoup moins fréquente en usage : « nibe, cuts, que dalle, queutchi : absolument rien ! » (PdM) ; « Queutchi, ma mobi' [mobylette], tu la touches pas ! » (Or.).

L'expression **comprendre queutchi** marque l'incrédulité sceptique ou l'aveu définitif d'impuissance intellectuelle : « Ça gave les jambons*, le rap, ils y comprennent queutchi » (Or.).

❏ ❖ Le pronom indéfini **cuts** lui aussi synonyme de "rien" pourrait être le produit d'une contraction de la forme précédente "que tchi" en "queutch" puis "cuts", à moins qu'on y voie l'anglais "cut" (couper) utilisé entre autres dans le vocabulaire du cinéma : « J'allume mes phares, c'est vrai qu'on y voit cuts » (CAR).

Quignon

● ❖ Ce nom masculin désignait en gallo-roman un "morceau de pain en forme de coin" et dans le parler marseillais, il représente les "extrémités d'une baguette de pain", qui sont les morceaux les plus croustillants et les plus appétissants : « Arrête de me bouffer les quignons, que mon fendu il est tout escagassé* » (Or.)

Quiller

● ❖ Verbe issu du provençal, en usage pronominal avec le sens de "se percher, se nicher" (XVIIIe siècle) puis transitif, pour "dresser, empiler, placer dans un lieu élevé". Il est aujourd'hui encore d'emploi très fréquent dans toutes les catégories d'âge et de milieu ; « L'enterrement monte vers le cimetière quillé en bordure de plateau, comme s'ils avaient voulu que les morts continuent à regarder la ville » (MER).

● ❖ Formé sur le verbe "quiller", **déquiller** prend le sens de "décrocher", "enlever" : « Monte déquiller le ballon sur le toit, c'est pas moi qui a tiré ! » (Or.). Ce terme qui n'a jamais vraiment disparu du vocabulaire marseillo-provençal semble revenir en force dans le parler local. De l'innocent jeu où l'on abat des quilles ou du jeu de massacre à la fête foraine, on passe aisément à "abattre" puis à "tuer". « J'ai déquillé le faisan sans viser, les collègues*, ils étaient écoeurés du bol » (Or.).

● ❖ **Enquiller,** verbe formé à partir de "quiller", est en emploi pronominal et synonyme au sens propre de "prendre une voie", avec une nuance de verticalité propre à une région qui ne connaît guère les paysages de plaine : « Il passe le village déguisé en village de santons, s'enquille dans la gorge, longe le lit encaissé de la rivière avec ses moulins d'un autre temps, ses auberges pour retraités gastronomes » (MER). Au figuré, le verbe prend le sens de "s'infiltrer", "s'insinuer" : « Le destin file, la mort s'enquille comme une anguille, je crois que je n'ai pas vu tout de suite que tu partais en vrille » (UP).

❏ ❖ Beaucoup plus rarement, on rencontre le verbe **débesquillé** avec le même sens de "tuer" : « Ils ont dû attendre qu'il sorte faire pisser le chien au petit matin, toujours le flingue à la main, et ils l'ont débesquillé au lance-pierre, pas de bruit » (MER).

Quique

● ❖ Appellatif affectueux très couramment appliqué à une femme sans présomption d'intimité et synonyme de "ma chérie" : « La pizza, tu la veux avec beaucoup de tomate ou pas trop, ma quique ? » ; « Ma Quique avait abandonné les nervis à casquette » (CAU). On tient généralement pour Mère de toutes les Quiques la « fleuriste du cours Saint-Louis qui a été l'amie de toutes les vedettes du music-hall marseillais, à la grande époque de l'Alcazar » (JEAN). Mais le nom féminin a une autre signification, en emploi tout aussi fréquent, désignant, par euphémisme selon Bouvier, le "sexe de l'homme" : « Une quique, c'est une bite qui galège » (Or.) ; « Alors si elle est à ton père, elle doit représenter de braves coups de quique ! « (CAU).

R

Racaille

❏ ◆ Le terme **racaille** n'est pas utilisé par les jeunes des cités marseillaises pour s'auto-définir, comme c'est le cas ailleurs (Goudailler). Ils lui préfèrent **racaillon**, désignation attendrie d'un "rataillon de voyou". **Racailler**, c'est "se comporter en voyou" : « Je me rappelle quand j'étais au lycée et qu'on faisait un peu de freestyle dans la cour de récré, il y en avait qui me critiquaient dans le style : alors tu racailles ? » (Liste IAM). Localement, le nom féminin est un abrègement de l'expression **racaille jaune**, créée par IAM pour désigner la "petite monnaie" : « Sors ta racaille, j'ai rien sur moi » (Or.). Le nom féminin **liasse**, quant à lui, est employé pour le "billet de banque" : « La sacoche Lacoste T.D.C* dix liasses, y'a pas écrit bécasse dessus ! » (Or.)

R.C.51

❏ ◆ Sigle d'apparence pharmaceutique mais en réalité, terme savant du vocabulaire de la chimie alcoolique, résumant par ses initiales les trois bases de la classification du pastis, "ricard, casanis, 51" : « Moi, je suis pas l'intellectuel engagé, pas tout à fait Ricard, pas seulement Casa, mais complètement R.C.51 » (Or.). Emprunté à l'anglais et rare d'usage, **addict** est un adjectif qui marque la dépendance, en particulier au pastis dans l'expression **51-addict**, "accro au pastis" : « Tous les 51-addict, bouléguez-vous qu'on forme un lobby sur ce site » (IAM) ? Selon IAM, ce sportif dans sa catégorie serait tout aussi sujet à l'**anis elbow** que les têtes de série de Roland Garros !

Radasser

● ❖ En provençal, ce verbe pronominal a le sens de "se traîner", "se rouler à terre", et a donné lieu à une forte diversification des significations. Certaines ont pour trait commun l'horizontalité de la position, propre à la paresse et à la sieste dorée de soleil, comme "se prélasser", "traîner au lit", "s'allonger au soleil" et par extension, "fainéanter", "perdre son temps" : « Ce dimanche, nibe de boulot, je vais me radasser à Sugiton » (PdM).

Dérivé du verbe, le nom féminin **radasse,** qui n'a plus rien à voir avec le vocabulaire de la pêche ("filet traînant lesté de chaînes"), prend un sens spécialisé, fortement injurieux pour les femmes. L'usage courant tient le nom comme un synonyme de "prostituée", "traînée" : « Le coin des radasses, c'est pas pour vous, Panderi, c'est la cascapiane* garantie » (CAU) ; « Fais ta fière, radasse ! J'ai tout entendu ton histoire que t'as racontée à l'autre estrasse » (CAR). Une forme affaiblie, plus rare mais encore largement péjorative s'applique à une "fainéante", une "bonne à rien", voire marginalement, "une loque humaine" des deux sexes, cette fois : « Continue à faire la radasse devant la télé et tu peux dire adieu au bac ! » (Or.).

Dans le domaine du mobilier provençal, le **radassier** désigne une variété de "canapé" qui invite, comme la Bergère, à la mollesse du corps et à l'affaissement voluptueux.

Raquer

● ❖ Le verbe a gardé le sens provençal de "vomir", inconnu dans l'argot national où il signifie seulement "payer", "débourser" : « J'arrête de boire, je sens que je vais raquer de bile » (Or.). Au figuré, qui compose le sens argotique et local, ce verbe s'emploie dans le sens de faire rendre quelque chose à quelqu'un : « Je lui ferai raquer tout ce qu'il m'a pris » (JEAN).

Rasbaille (rabaille)

● ❖ A l'origine du terme, le provençal connaît différents termes aujourd'hui disparus de l'usage, liés au ramassage des ordures : sur le Port, les **rabailleurs** étaient des « ramasseurs de débris apportés par la mer, mais également soupçonnés de petits larcins » (ROU). Sur le marché, les rabailleurs ou rabaille-merde désignaient les "éboueurs" : « Là tu vis d'un peu de rasbaille, tu dors sous la pluie, tu te cailles » (QN).

Le mot est en usage dans l'expression **à la rasbaille**, (vocalement A làààà...rasbaille !, qui lui donne un petit air de sourate récitée par le muezzin) employée surtout dans les jeux d'enfant pour un objet qu'il s'agit d'attraper à la volée : « Les cacahuètes tombaient sur le pavé, le chef de la petite bande criait : "à la rasbaille" et tous emplissaient leurs poches du butin » (DET) ; « Des coups sur le barrage, y'en a eu à làààà rasbaille ! » (Or.).

Rascous

● ❖ Du provençal, nom masculin et adjectif synonyme d'"avare" : « Le plus souvent c'est un client qui demandait un rabais, le ton montait, le client se faisait traiter de rascous » (CAU) ; « On sait que lors des baptêmes les galopins criaient à la porte des églises : « Parrain il est rascous, le petit sera gibous » (bossu) quand le parrain ne lançait pas de piécettes » (ROU).

Raspi

● ❖ Synonyme du précédent, et comme lui en emploi injurieux. Le verbe provençal dont il dérive, *raspa*, qui signifie « gratter le sol", "grapiller" évoque la caricature de l'épargnant névrotique cupidement accroché à sa cassette : « Y a qu' aller vers l'Opéra ou chez les Raspis, comme d'habitude » (COU) ; « Les gens, dans la cité, c'est tous des pauvres mais tu trouveras pas un raspi. Celui qui a, quand il a, il donne à celui qui a pas. On s'entraide » (Or.).

Rataillons (ratayons)

● ❖ Dénomination du "rat" en provençal, souvent en usage injurieux ("engeance de rats"). Les habitudes alimentaires du rongeur expliquent par restriction la signification du nom masculin qui, dans l'univers domestique, désigne les "débris", les "restes" et d'une façon plus générale, les "déchets" : « C'est pas avec tes rataillons que tu vas m'empêcher de partir à la guerre, pute nègre ! » (CAU). Au figuré, le mot s'applique à une « personne sans importance » : « Une vie de rataillon entre la télé et les meubles Camif, c'est pas ce que j'attends, désolé ! » (Or.).

Ravan (ravanilles)

● ❖ Nom masculin issu du provençal qui désigne une "vieillerie", un "objet usagé et sans valeur" : « La porte d'Aix, tous les jours tu as la foire aux ravans » (Or.) ; « Laugier traverse le jardinet, allée bordée de coquillages, un carré de légumes, des fèves. Sur le côté, un tas de ravans. De la ferraille de récupération » (MER).

Ravi

● ❖ Célèbre pour son antique participation à la Nativité provençale, *lou ravi* sorti de la crèche est devenu Saint Patron des Bienheureux : « Té ! le voilà, le ravi de la crèche (BECK) ; « Et prends pas tes airs de ravi ! » (COU). Il désigne avec une affection mêlée de condescendance, à la fois le "joyeux béat" et le "gentil benêt" bien rendue par l'expression **sembler le ravi de la crèche** pour une personne en "extase versant dans la stupidité" : « Vé le ravi dans sa cage qui vient de se prendre le but ! » (Or.).

Reléguer

● ◆ Si le français standard entend par ce verbe le sens de "mettre à l'écart", localement c'est le sens de "frapper", "se faire mal" qui domine : « L'euskate-borde, j'en fait plus, marre de me reléguer ! » (Or.) ; « Ces connos deviennent avides, y veulent m'achoper* pas que pour me reléguer » (QN).

Remettre

● ❖ Est-ce pour conjurer les effets des grandes fatigues consécutives à la maladie que les Marseillais proposent aux invités de *se remettre*, **remettez-vous !**, lorsqu'ils les invitent à "s'asseoir" ? Toujours est-il que s'il n'est de vrai bonheur que lorsqu'on est couché, la position assise délivre agréablement du souci de marcher !

Réné (prononcez khéné, khénelle)

● ❖ Ce nom et adjectif (dériverait-il du provençal réner, "geindre" ?) est en emploi dépréciatif chez les jeunes, pour désigner une personne "ridicule", un "petit bourgeois", et plus rarement un "français-français", quelqu'un qui ne serait pas de la république marseillaise, ou plus couramment dans les lycées, l'élève sans histoire taxé, alors d'intellectuel par les Krapuleux : « C't'un réné Label A, élevé au grain à Lacordaire » (Or.) ; « Khénelle que t'ies avec ton Sébagos ! » (Or.)

Respect

❑ ◆ La formule **Maximun Respect**, de style épistolaire équivaut en fin de communication au classique "salutations respectueuses" : « Maximun respect, cousine*! (André Gide à François Mauriac) ! » (PdM).

Resquiller

● ❖ Ce verbe, désignant l'activité favorite de certains petits malins qui réussissent à se faufiler sans payer au spectacle, au bal ou dans une manifestation sportive, est d'essence provençale (*resquilha* signifie "glisser", "faire un faux pas" et la *resquiho* était une danse) ; les sens de "profiter", "tricher", "voler", se sont imposés localement depuis : « Resquiller, ça devient dur avec Vigipirate dans le métro » (Or.). Le **resquilleur (-euse)**, du provençal *resquihaire*, nom de ceux qui à l'Opéra faisaient la "glissade" (les patineurs), désigne aujourd'hui un "fraudeur". P. Echinard en donne l'explication : ces figurants se présentaient au contrôle en murmurant le mot de passe ("Veni per la resquiho" : je viens pour la glissade) ; ils furent vite imités par quelques spectateurs aux oreilles traînantes qui en profitèrent pour entrer gratis.

Rétamer

● ◆ Si le sens technique d'"étamer à nouveau" a disparu du français standard au profit des sens figurés comme "abattre", "mettre mal" et "tomber", dans le parler local, le verbe, prend une vigueur plus offensive ; il est l'équivalent de "passer à tabac", "frapper", ou, pronominalement "se faire très mal" : « Dix mille flics te traquent au Gari, pour une engatze* de produit, ils te cambalent* à l'Opéra et te rétament jusqu'au coma » (QN). **Etre rétamé** c'est être totalement épuisé, peut-être par référence à un ustensile usagé, bon pour un séjour chez l'"estamaïre".

Restanque

● ❖ Ce nom féminin est issu de la forme provençale *restanco*, terme paysager désignant le "muret de pierre" entourant un méplat en colline, puis ce "méplat" lui-même : « Félicien mettait à dégorger les douzaines de petits-gris ramassés dans les restanques » (DUG). Bien entendu, le mot se prête à toutes sortes de plaisanteries moins agrestes : « La chirurgie esthétique, elle pourra rien pour tes seins en restanque » (Or.).

Roulade

● ◆ Inspiré probablement par l'aspect ostentatoire des notes des chanteurs et des volatiles amoureux de leur organe, ou construit plus prosaïquement sur l'expression populaire "rouler des mécaniques", ce substantif féminin, affublé du suffixe péjoratif "-ade" et attribué presque exclusivement à un vantard du sexe fort, est synonyme de l'argotique "mariole" : « I fait sa roulade, mais tu le touches, i se cague*, le bombardement chimique » (Or.).

Rouste

● ❖ Bien qu'il ait diffusé dans tout l'Hexagone, ce mot féminin garde encore toute sa saveur dans le Midi au sens de "fessée", "correction physique plus ou moins vigoureuse". Son origine n'est pas le verbe "roustir" (brûler, griller), mais le verbe "rosser" : « Lasse de voler leurs képis blancs aux légionnaires pour les attirer dans son galetas imbibé de l'odeur de friture, fatiguée de recevoir les roustes d'un demi-sel de cinquante kilos soudé au comptoir du Régina (...) elle avait fui les nuits encombrées de cris, de rires et d'accordéons, les grappes d'hommes et de filles sur les pas des portes » (CAU). Bien entendu, le "siège" de ladite volée de coups permet de multiples interprétations : « Ce que je préfère, en fait, c'est la rouste caligne* » (Or.).

Ruiner

● ◆ L'image du délabrement physique ou moral de l'individu s'est imposée dans ce verbe pronominal ou non caractérisant une blessure importante et douloureuse : "épuiser", "se faire très mal" : « Elle nous a ruinés, Café Grand-mère, avec ses nombres imaginaires, putain » (Or.). Ce qui n'empêche pas le mot d'opérer ses ravages sur des zones concentrées où les hommes de l'art n'ont guère de prise : « Avec ta saloperie de pince, je me suis ruiné le doigt ! » (Or.).

S

Santon

● ❖ Quelle que soit son adéquation avec la réalité qu'il représente, le santon, descendant des *santibelli*, mot d'origine italienne désignant une petite figurine en porcelaine ou en terre cuite, de fondation dans la crèche provençale, se caractérise par son immobilité. Il ne faut pas s'étonner alors de voir ce mot qualifier par métaphore une personne particulièrement "inactive, statique", "peu dégourdie" : « Le vigile, tu le passes sans problème, i z 'ont que des santons » (Or.).

Saquèti

▼ ❑ ◆ Diminutif nominal et italianisé de *saquet* (petit sac), le mot sert à désigner de façon humoristique et un rien ironique un sac de petite dimension, en général un "sac de femme" : « Même pas un Vania pocket, il rentre dans ce saquèti ! » (Or.).

Sara (Saka)

❑ ❖ Création arabo-marseillaise, l'expression **Sara de toi** emprunte à l'arabe *saaha* ("santé"), *saahtak* ("à ta santé"), en jouant de différentes valeurs de convivialité dans la conversation, comme marque de salutation, de défi ou de connivence.

Sartan

❏ ❖ Pour peu que l'on remonte deux siècles en arrière, on comprendra aisément comment en Provence et à Marseille, on est passé, avec ce nom féminin, du sens initial de "poêle à frire" à celui de "sorcière". Plus généralement, s'est imposé l'emploi de "femme dangereuse" : « La Sartan du troisième, tout le jour ça maraboute chez elle mais le soir, c'est calme » (Or.) ; « C'était une sartan cette bonne femme, jamais contente de rien » (CAU). Et, comme il advient dans les cas de notoriété extrême, le nom très commun de cette goule sans aveu peut se changer en nom propre et acquérir ainsi une nouvelle dignité : « Dans l'escalier, Sartan les doubla à toute allure » (COU).

Scud

❏ ◆ Les ravages de la guerre du Golfe n'auront pas épargné les rivages lexicaux de l'antique Phocée. Dans l'expression **lancer un scud** issue du vocabulaire d'IAM, il n'est pas question de passer un disque (skeud, verlan de "disque") mais plutôt d'un missile qui sans être balistique n'en a pas moins à voir avec la guerre bactériologique, s'agissant au figuré de "l'action de déféquer".

Sèbe (cèbe)

❏ ❖ A l'origine, *sèbe* est un jeu provençal, très populaire à Marseille. « Il se pratiquait contre un arbre, après l'amstramgram du tirage au sort de celui qui servirait de coussin, et du premier qui prendrait appui sur lui, la tête baissée et sur le dos duquel tous les autres garçons sauteraient, jusqu'au moment où celui-ci, courbé en oignon, n'en pouvant plus de supporter trois ou quatre gaillards sur son dos, crierait : « Cèbe » (DET). L'interjection du même nom, dont on peut tirer l'origine du jeu, mais aussi de l'oignon (*cèbo*) équivaut à "grâce !", "je me rends !". Elle pourrait tenir lieu de déclencheur nostalgique du Marseillais adulte, versant une larme sur les cours de récréation ou de patronage de son enfance.

Sec

❏ ◆ L'expression **être sec**, "rater son effet", qui s'applique à une personne dont les propos ne provoquent aucun des effets attendus de la part d'un auditoire, pourrait tenir son origine de la fusion des significations de l'argotique "être à sec" indiquant le manque d'argent et de l'annotation professorale "un peu sec", marquant les limites d'un travail d'élève : « Mort de rire, ta blague, game over, désolé, encore sec ! » (Or.)

Sègue

❏ ❖ Nom féminin désignant la "masturbation". Que l'on fasse remonter le mot à l'action de s'effiler pour un tissu ou de la fenaison (*sègo*), on voit difficilement le rapport avec l'onanisme, pratique solitaire si décriée naguère par les bien-pensants : « Une sègue, c'est obligé quand t'i as pas de nine* sous la main » (Or.).

● ❖ Le verbe **se séguer** signifie "se masturber" : « Quand tu as rien à glander, tu te sègues un coup, c'est du bonheur pas cher » (Or.). Un emploi métaphorique au sens de "profiter de la vie, jouir" est possible : « Et t'as envie de mordre ceux du Port Autonome, tous ceux qui se sèguent quand te ramasse la fourrière » (QN).

On imagine sans effort que l'état de pression suivi d'explosion en flux tendu qui caractérise la Pratique Manipulatoire Individualisée soit à l'origine de l'expression **monter la sègue** pour "accroître la tension" : « Papassian en profite pour faire monter la sègue et du coup, Mohammed et ses frères musulmans essaient aussi de se servir du climat ambiant pour faire un coup d'éclat » (CAR).

Sent-bon

▼ ❏ ◆ Un "parfum bas de gamme", résumé à son expression la plus triviale, celle d'une bonne odeur, sorte de degré zéro de son essence, peut toujours se retourner contre son porteur : « Leila, son sent-bon citron, i pue » (Or.). Sous nos climats, ce bouquet bon marché peut entrer en concurrence avec d'autres produits et d'autres senteurs sui generis : « Le sent-bon avait effacé l'odeur des olives » (CAU).

Sgueg

❏ ◆ D'origine inconnue mais joliment sonore et calligraphique, ce nom masculin qui désigne le "sexe masculin", apparaît aussi commme interjection (synonyme de "merde !") et dans l'expression injurieuse **tronche* de sgueg**, "tête de nœud" : « Tronche de sguègue de Parisien qui vient nous insulter sur cette liste, tu fais le mariole à distance derrière ton ordo de merde mais attends qu'on te repère ! » (PdM). Très en vogue chez les jeunes, où il désigne un "idiot", d'où l'expression **faire le sgueg** pour "faire des bêtises" : « A Périer, les rénés* qui font les sguegs, tu les calcules plus à force » (Or.). Synonyme, **tête de chibre**, où le pénis là encore n'est pas à la fête !

Stàssi

● ❖ Ce nom masculin remonte à la famille latine du verbe *stare* être debout et immobile, tout comme le personnage qu'il désigne de façon moqueuse et péjorative ; la verticalité inopérante du sujet se double fréquemment d'une déficience intellectuelle et morale grave qu'on peut traduire par "empoté", "nigaud" : « Avance, stassi, t'ies fonctionnaire ou quoi ? » (Or.) ; « Elle avait beau dire que c'était la fatigue, je le savais que l'autre stàssi, il i foutait des coups » (BOU).

Steack

● ❖ Anglicisme déjà consacré en cuisine, ce nom masculin emprunte à la célèbre grillade de bœuf les idées d'adhérence et de cuisson qui expliquent son emploi au figuré pour désigner une personne "fixée", "accrochée" à un lieu ou une situation, et qui parfois subit cet état, incapable de s'extraire : « On fait tous les trois les steacks dans la même boîte à la Défense. On arrive toujours pas à redescendre » (PdM).

Formé sur le nom, l'expression verbale **être steacké** (synonyme, **être scotché**) rend compte de l'état de dépendance de l'individu par rapport à une situation : « Des jours, je suis steacké à l'écran, et depuis, pas un signe de mail de ta part, mon iconique amour ! » (PdM) ; « Moi par exemple, il y a des jours où je me promène en survêt, d'autres où je suis baggy, d'autres où je suis fringuée en fille respectable et parfois j'ai le look ethno, je reste pas scotchée à un style et j'oublie pas qui je suis » (Liste IAM).

Stoquefiche

▼ ❑ ❖ Ce poisson séché à la mode des mers froides – ce qui le disqualifie déjà aux yeux des Marseillais ! – est bien connu pour sa "platitude" et sa maigreur. Forme locale de l'anglais *stockfish*, "morue", elle est employée au figuré pour les personnes "maigres", les femmes "plates" (synonyme de bacala*) : « Les Orientaux, ils aiment pas les maigres, les stoquefiches c'est des malades pour nous » (Or.). L'emploi comme nom propre et comme sobriquet atteste sa belle réputation : « C'était leur coin : Macari, Pestadou, Pascal, Stoquefiche et le Merlan : cinq tireurs de sonnettes, maigres enfants du vieux quartier » (CAU) ; « I fait le fier parce qu'il est riche/Oh, Bonne Mère qué stoquefiche » (REN).

Straou

❏ ◆ Une consonne sonore d'appui, une finale à la provençale et le tour est joué pour ce nom masculin qui transfigure le banal "trou" en néologisme marseillais, rugueux en bouche et à l'élégance plus que douteuse : « J'ai déjanté, putain de straou de sa mère » (Or.) ; « Après, j'ai traîné Monsieur Jean jusqu'à sa vache et j'ai creusé un straou plus gros » (PdM).

T

Tache (tâche)

● ♦ Faisons l'hypothèse que le mot tache (ou tâche) pourrait avoir deux origines latines : *taxa*, taxe, taxer et donc effort puis besogne de commande exécutée sans intelligence d'où le sens de "abruti", ou *tacca :* marque de salissure puis défaut, souillure, action honteuse, viciée, commise par un être sans valeur, idiot : « La vraie tâche, B., c'est le seul Arménien qu'ils avaient sous la main, tu crois ? » (Or.) ; « Amène-moi chez cette tache » (CAR).

Taffanàri (tafanàri)

● ❖ Issu du provençal, lui-même tiré de l'italien, ce nom masculin très accentué s'emploie pour évoquer un "postérieur" généralement de gros câlibre aussi bien pour les hommes que pour les femmes : « Il est temps de se bouger le tafanari si on veut vivre dans la ville qu'on aime et si on veut pas que nos enfants i parlent pointu ou chinois » (PdM) : « Oui fais bouger, oui fais bouger ton tafanari/Tafanari, le savais-tu désigne la partie, charnue placée derrière l'individu, qui très souvent s'assoit dessus » (Mss). Comme d'autres vocables de renom, il a droit à l'emploi comme nom propre : « Elle s'appelait Fernande, mais on la surnommait Tafanari » (CAU). Le mot a diffusé en argot national, sous la forme « tafanard ».

Tanquer (stanquer, estanquer)

● ❖ Directement issu du provençal (*tanca* : "enfoncer"), ce verbe pronominal ou non désigne initialement un enlisement dans la matière ; c'est un mot qui colle à la glèbe, un mot de crotte et de boue : « Je m'embourbe peu à peu dans le magma glaireux, et tanqué comme un piquet qui disparaît à tout jamais, je me fonds dans le corps flaque qui me transforme en Homme flaque » (QN). Cependant cette plongée dans le terroir peut révéler aussi une valeur d'investissement positive, une authenticité, un enracinement de bon aloi : « Pourtant j'en ai croisé des poètes locaux ! je veux dire par là, ancrés, tanqués, dans leur terroir » (VAL).

Mais en dehors du jeu de la pétanque (*pieds tanqués, boule estanquée*, c'est-à-dire "arrêtée pile"), l'immobilité peut à la longue être pénible à supporter et le verbe dévoile alors des significations négatives, comme "attendre avec une impatience grandissante" : « Deux semaines j'ai dû tanquer pour le résultat du test, je téléphonais tous les jours ! » (Or.).

Se tanquer, c'est "rencontrer accidentellement un obstacle", "s'immobiliser" : « Comment je me suis tanqué, je sais pas, j'étais encore qu'à la Valstar » (Or.) ; « Dans la Gineste i' se sont estanqués, esprofondis*, estramassés*. Le guidon d'Harley, l'est tout escagassé* » (Folklore càcou).

Tant

❏ ◆ Cet adverbe prend dans le parler local un sens particulier, équivalent de "peut-être", "aussi bien", "si ça se trouve" : « Vouéi*, tu te la joues, mais tant, demain, t'i as grève du métro et tu restes en carafe ! » (Or.).

Taraïette

● ❖ Nom féminin, diminutif francisé du provençal *terràio*, "poterie, petite vaisselle en terre" : « Infatigable, il trotte (...) après avoir rôdé autour des baraques et des manèges de la "Foire de derrière la Bourse" ou bien l'été, au marché aux aulx et aux tarraïettos des allées Léon Gambetta » (HEI). L'exquise simplicité de ces "dînettes de terre" en fait un jeu apprécié des enfants : « C'est dans ces taraïettes qu'on mange, oh, je suis pas un sept nains, moi ! » (Or.).

Tavan

▼ ❏ ✤ Dénomination provençale du "taon", "mouche du cheval". Les équidés et donc leurs satellites ailés sont rares en milieu urbain, ce qui explique ce que nom masculin soit surtout employé au figuré, pour une "personne dérangeante" dont la présence crispante et les bourdonnements incessants rappellent celui du diptère, d'où l'expression **faire le tavan** : « Je dis ça mais je l'aimais bien ma mère aussi. Mais elle avait un caractère ! Un vrai tavan merdassié » (BOU).

Taxade

❏ ◆ Le sens de ce nom féminin suffixé en "-ade" vient de l'argotique taxer pour "voler", "dérober" : « A dix dans la bagnole du côté de Curiol, i a taxade de sacs jusqu'à la rue Sénac » (QN).

Tchatcher

● ✤ L'origine de ce verbe, très chuintant à l'oreille, est discutée. Mais, qu'il provienne de la forme provençale *cha-cha,* onomatopée imitant le chant de la cigale ou le cri d'une grosse grive ainsi dénommée, introduit par les Méridionaux en Afrique du Nord (Bouvier), ou du verbe espagnol *chacharear,* "papoter", francisé par l'argot algérois (Goudaillier), il a été suffisamment acclimaté par les Marseillais pour figurer dans ce dictionnaire. Pour les Français du Nord, il est le symbole de la faconde "sudiste", prolixe et peu fiable, ce qui n'est peut-être que la surface sonore d'une nature expressive plus profonde et plus pudique, une sorte de voile jeté sur leurs inquiétudes.

Le substantif féminin **tchatche** a la même coloration : « A Marseille, on tchatche. Le rap n'est rien d'autre. De la tchatche, tant et plus » (IZZ). A l'instar du soleil, cette "causette" locale peut aussi servir à mesurer le temps qui passe : « Une demi-heure de tchatche plus tard... » (CAR).

Tchoutchou

●◆ Ce nom masculin à redoublement enfantin désigne au sens propre un "âne" ou un "mauvais cheval". Il était en usage en Amérique du Nord pour désigner une variété de poisson dont on sait que l'espèce constitue un réservoir de termes dépréciatifs. Mais on se rappellera aussi que l'italien dit *ciuco* pour âne. Au figuré, il est synonyme de "cancre", "minable" : « Il est dans l'import-export, ce tchoutchou, vé* ne me donne pas l'adresse ! » (Or.).

Té !

●❖ Cette interjection très usitée peut se traduire par "Tiens !", "Eh bien !". « Té, j'ai tellement le mal du pays que j'appelle ma mère tous les deux jours, peuchère* ! » (PdM) ; « Tu en trouveras beaucoup des mères compréhensives comme moi, tè ! » (BOU). Associée à sa compagne "Vé*" (regarde), tout aussi laconique, elle forme un couple destiné à capter l'attention ou à traduire la curiosité : « Té vé, ton Corsica qui pue, tu peux te le garder. Les fromages qui marchent seuls, c'est pas mon truc ! » (Or.).

Tégève (TGV)

❑◆ Il s'agit de la forme "désiglée" du Train à Grande Vitesse, promis – un jour – à relier vivement Marseille à la capitale : « Je suis explorateur... archéologue, en fait, je fouille sur les chantiers du tégève Méditerranée » (Or.).

L'expression **être TGV** ("Très Grand Voyant"), apparue dans la mouvance du grand délire euphorique initié par le fanzine "Vé" connaît une réelle diffusion : « Je fus il est vrai un rat dans une existence antérieure mais j'ai désormais une forme nouvelle, la vision universelle, la vie intérieure, je suis TGV » (Vé).

Testard

● ❖ Tous les dérivés du provençal *testo* (tête) ont une connotation plus musclée qu'en français standard. Ce nom masculin désigne un "têtu" définitif, un irrémédiable "obstiné" : « Un testard pareil, j'ai senti la bavure » (Or.). De même la **testardise** révèle une obstination quasi maladive : « Mais dans le fonds, mon père c'est rien que par testardise qu'il avait fait tout ça » (BOU). Le **teston** est un des nombreux appellatifs populaires pour "tête", employé aussi dans différentes expressions comme **s'éclater le teston** pour "éclater de rire" : « Eh, les zizes* exilées en Californie, écrivez-moi un mot, ça vous escagassera* pas le teston ! » (PdM).

Tian

▼ ❑ ❖ Emprunté à l'identique au provençal, ce nom masculin désigne un "récipient en terre cuite" de fabrication artisanale : « Les enfants qui avaient participé à la récolte des tomates, aidaient les femmes qui les coupaient en quartiers et en emplissaient de grands tians de terre cuite vernissés » (DET), mais aussi les plats qu'on y prépare : « Passe-moi le tian de pistou*, va, t'i es brave*» (Or.). A noter que la nouvelle cuisine fait un usage fréquent de cette formule dans l'écriture des menus : «"tian de courgettes", "tian de daube", etc.

Total Khéops

❏ ◆ Ce sont les rappeurs du groupe IAM qui ont mis au jour tel un cénotaphe antique, cette expression qui, depuis, a fait florès. Par rapprochement avec le Pharaon disposant de la plus grande des pyramides égyptiennes, l'expression équivaut à "gigantesque désordre", ou plus argotiquement, à "grand bordel". Le romancier J.C. Izzo a repris la formule comme titre de son premier roman qui se déroule à Marseille, au cœur mouvementé de la cité : « Total Khéops, hein ? – Tu l'as dit, ma belle. Et j'étais au centre du bourbier. A patauger dans la merde des autres. Ce n'était qu'une histoire banale de voyous (...) L'argent, le pouvoir. L'histoire de l'humanité. Et la haine du monde pour unique scénario » (IZZ).

Tòti

● ❖ D'origine provençale, ce nom masculin (prononcez *tòti*) désigne très péjorativement une "personne incapable de se gérer elle-même", un "crétin". Ces spécimens peuvent bêtifier en compagnie : « Les totis, c'est pas ce qui manque dans la famille ! » (Or.) ; ou bien être victimes innocentes (?) de leur balourdise : « Et elle, pour faire vite, elle s'est pris cet emplâtre de Renato, un vrai toti qui était cordonnier et qui lui en a fait voir de toutes les couleurs » (BOU). Quoi qu'il en soit, il est bien entendu que pour un authentique Marseillais, sont *totis* tous les "étrangers à la ville" : « San Diego, c'est bien beau, mais ça vaut pas la Croix Rouge ou Plan de Cuques ! en plus, ils ont même pas de ferry boîte, tu parles de totis ! » (PdM).

Traviole

● ❖ Ce nom féminin à forte sonorité est employé au sens de "route", "chemin de traverse" : « Tu tournes dans la traviole, voilà, vas-y, j'y suis » (Or) ; « Je grimpe dans un taxi à l'angle de Garibaldi, direction les travioles infernales du 7ᵉ arrondissement » (CAR). Sur ce modèle, on a construit l'expression **de traviole** pour : "de travers" : « La cravate de traviole, les bretelles, tu fais bozzo* chez Bouglione ou quoi ? » (Or.).

Tribu

● ◆ Quand on se penche en ethnologue sur certains quartiers de Marseille, c'est tout un vocabulaire clanique (voir Kartier*) qui réapparaît, qu'il s'agisse de faire l'éloge des groupes de reconnaissance ou d'en déplorer la perte : « Le Panier, c'est plus que des tribus sans nom, maintenant » (Or). (Voir aussi posse* et chourmo*).

Trobar

❑ ❖ Ce verbe, issu en ligne directe de la lyrique des troubadours, signifie "composer des vers". On l'utilise aussi comme infinitif substantivé au sens d'"invention poétique", "inspiration". On sait que l'on doit au groupe Massilia Sound System d'avoir redynamisé le vieux et puissant fonds littéraire occitan : « On veut des histoires d'amour, on veut des dames et du trobar » (Mss). Est-ce le syndrome de l'an deux mil ?

Tromblon

● ◆ Ce nom masculin désigne un fusil à canon évasé en entonnoir en usage au XVIᵉ siècle. Son caractère inesthétique est resté dans la métaphore d'une personne, homme ou femme, à la fois "grossière" et "incapable" ou "bien peu avenante" : « Merci pour ton tromblon de garagiste, de suite j'y retourne » (Or.) ; « Je chie sur ces tromblons qui font du mélodrame » (QN).

Tron

● ❖ Ce nom masculin issu d'un forme provençale (*troun*), claque comme un coup de tonnerre, dont il porte le sens. Il s'emploie en composition au sens de "tonnerre de...". Un **tron de l'air** est une "personne active, remuante", et la nuance n'est pas forcément péjorative : « Ce tron de l'air, c'est ton fils ? fais le voir à un psy, qu'il te l'assoie, un peu » (Or.). On rencontre aussi **tron de Dieu**.

Tronche

● ◆ Si le nom féminin est d'emploi national, en revanche, en composition, principalement avec des plantes aux formes galbées (**d'api**, **d'aïl**), dont on appréciera le rapport avec la tête, il n'est usité que localement : « Hé ! L'insaisissable ! Montre-toi, tronche d'aïl ! » (COU).

V

Vaï !

● ❖ Cette interjection très populaire (du provençal *ana* : "aller" à l'impératif) ponctue fréquemment le discours ; elle est l'équivalent de "allez va !" : « Toutes les posses* doivent courir ici, vaï chanson, va voler dans la partie » (Mss) ; « Le Père Espinasse, ça l'arrange bien, vaï, de prendre la marchandise sur place ! » (COU).

Vé (Vi)

● ❖ Du verbe provençal *vèire*, "voir", le marseillais a gardé cette forme très abrégée, très rapide de l'impératif pour attirer sans délai l'attention de l'interlocuteur : "vois", "regarde" : « Vé l'avion, tati ! – On dit pas vé, mon chéri » (Or.) ; « Vé, comme tu es attifé, c'est la mode ? » (SAV). On jugera de la popularité de ce terme expéditif par la présence à Marseille d'un organe de presse underground intitulé *Vé*. (Voir aussi Té*).

Venir

❏ ◆ Encore en emploi dans **faire venir**, expression pour signifier : "amener" (on trouve avec le même sens le terme de marine "faire venir les voiles") : « On a fait venir avec nous tous les collègues* qui étaient restés en 1/2 virage pour faire quelque chose au Virage Sud, on a sorti les banderoles, les flics ils ont pas insisté pour nous les faire rentrer » (Or.).

Vie

❑ ◆ Ce nom s'emploie dans **faire la vie** pour "tuer". Confondre cette expression avec le sens du français standard "mener joyeuse vie" serait fort gênant ! : « Que j'y fasse la vie d'un coup de boule, c'est ça qu'il cherche, lui, c'est ça que tu cherches petit ? » (Or.).

Vié (vier)

● ❖ Forme occitane du latin *vectis*, barre, levier (qui a évolué en français d'oïl en *vit*), ce terme très argotique désigne le "sexe de l'homme" et, comme il se doit, il est prétexte aux plaisanteries les plus grasses : géographico-pantalonnières : « O gari*, tu sais où c'est la Pointe-Rouge ? – Bè tè, au bout de mon vier ! » (Or.) ; vestimentaires : « J'me fringue en peau de vié importée du Canet » (QN) ; animales : « Vier d'ours ! Quelqu'un a battu mon record... (THO) ; et même morales : « Egoïste ! Tu ne penses qu'à ton vié ! » (COU). Selon le témoignage amusé d'un Américain débarqué à Marseille et ayant tâté de la méthode dite Marsimil* au sein des groupes de rap, il est l'un des termes les plus usités des tribus musicales. A relever aussi, comme signe de la bonne santé du mot, son utilisation à titre de formule exclamative comme la tournure finale oralo-épistolière : « Que le vier te pèle ! », du type "salut les copains !" : « Mon vier les minots*. J'habite loin des cigales dans la planète du froid » (PdM). "Saillie" verbale, l'expression **mon vier** sert à tout, elle est un cliché, une formule-valise, qui colore de "marseillité" le discours populaire : « Mon vier c'est le pied de griller les radars zobi* mais l'engatse* c'est qu'y a des motards » (QN).

Ville

● ◆ Dans la géographie urbaine, la *ville* en particulier dans l'expression déjà ancienne **descendre en ville**, désigne un territoire restreint vertébré par la rue Saint-Ferréol et réglé par la sonnerie des portables, où se juxtaposent différents espaces de zonage, les toxs (toxicomanes) de Noailles et du Cours Julien, les skateurs du Tribunal, les rénés de Périer-Paradis, et les circulants, Kramés et Krapuleux en mal de mise en scène : « Depuis quelques années, M.C.So. se la joue philosophe et commente la banlieue de très haut. On devrait l'inviter à Marseille, qu'il fasse un tour en ville et ça le fera revenir au spirit H.H, crois-moi » (Liste IAM). Dans cette géographie, **Bab el Oued City,** la "porte de la rivière", quartier d'Alger la Blanche et chaudron de l'Algérie française pour les populations qui y fraternisaient, désigne le plus souvent le "Cours Belsunce" dans des connotations pourtant pas toujours positives. Plus fréquemment, "Bab el Oued" désigne un lieu imprécis mais estimé "lointain" (synonyme, "New York") : « Vas-y, booste le son jusqu'à Bab el Oued ! » (Or.).

Virer

Différents mots et expressions reposent sur l'usage de ce verbe (*vira* en provençal).

● ◆ L'expression **tourne-vire**, très populaire, pourrait se traduire par "tout bien pesé" ou "tourne et retourne". Elle révèle chez le sujet une agitation dans la marche, la recherche d'un renseignement, la quête d'un objet : « Tourne vire, i vont bien finir par les retrouver les cadavres de Dutroux » (Or.). Mis en branle grammatical, les deux verbes apparaissent récemment conjugués (**Tournez, virez**), avec le même sens : « Tournez, virez, j'ai plus de pile, pas de son » (CAR).

▼ ❏ ❖ Le terme imagé de **vire-vire** se passe de commentaire ; le redoublement du verbe lui donne un tour enfantin. Il s'agit en Provence et à Marseille du "manège pour enfants" : « Je monte plus avec toi dans tes vire-vire, Lunapark ça sera sans moi, cette fois » (Or.). L'effet de tournis qui en résulte s'exprime dans la formule **avoir le vire-vire**, la "tête qui tourne".

▼ ❑ ❖ Pour mémoire, on citera une expression perdue en usage, **tant que tu vires, tu fais des tours**, pour marquer dans l'échange la distance par rapport aux propos d'un interlocuteur, "je me moque de ce que tu peux dire ou faire".

Voueï

● ❖ Forme que prend l'adverbe d'affirmation "oui" dans les régions méridionales. D'après Martel-Bouvier dans la forme occitane *oc*, le son [*vo*] était déjà entendu. Localement, l'affirmation possède souvent une valeur d'impatience, voire d'agacement : « Et voueï, j'arrive ! » (Or.).

Vrille

❑ ◆ Si l'argot connaît le "vol à la vrille", l'expression **partir en vrille** (renforcée parfois par l'adjectif **virevoltante**) emprunte au vocabulaire de l'acrobatie aérienne pour donner à voir la chute vertigineuse et l'effondrement spiralère d'un mental délirant, synonyme de "partir à la dérive" : « Baiser avec du caoutchouc, moi, tu pars en vrille virevoltante ou quoi, même si elle veut, je m'en cague*! » (Or.). « Le destin file, la mort s'enquille/Je crois que je n'ai pas vu que tu partais en vrille » (H.).

W

Wahed

Ce terme arabe désignant le chiffre "un" et son synonyme français **champion du monde** sont employés comme adjectif et nom avec le sens superlatif de "super", "premier choix", autrement dit, "le top du top" : « Wahed les jantes alu, c'est en affaire* ? » (Or.).

Waibe-masteur, webmestre (ouèbe-houèbe)

❏ ◆ Le surfeur sur toile, l'"internaute" branché 5 sur 5 et 7 sur 7, a aussi sa désignation marseillaise, qui est une oralisation locale et développée du contournable idiome anglo-américain majoritaire sur le réseau : « Waibe-masteur cherche wouèbe-links marseillais pour se fracasser entre collègues* » (INT).

Y

Yéba !

❏ ◆ Interjection récente, cri de paix et de ralliement, forgée par le "griot arménien" de Marseille, Jo Corbeau, à partir d'une source jamaïcaine. Image sonore heureuse de la "movida" marseillaise, on pourrait la traduire par "Allez Marseille !", "Tous ensemble !", "On est haut !" : « Le grand yéba c'est quoi ? une potion magique/Un élixir unique aux vertus salvifiques ». (Pour la composition avec aïoli*, voir ce mot).

Z

Zarma (Zerma)

● ❖ Issu de l'arabe dialectal ("soi disant"), l'emprunt reste proche de la signification originaire ; employé comme adjectif, il est destiné à marquer la proximité dans l'échange et la recherche de connivence entre interlocuteurs, synonyme de "collègue*" : « Aïe cousin zarma, les mots que t'iutilises y sont trop beaux mais je les connais pas » (PdM). On le rencontre aussi comme interjection, équivalent des nombreux tics de langage dont dispose traditionnellement le Marseillais ("vé"*, "té"*, qué*...) : « Zarma, regarde-le mentir, que tu sais pas mentir toi, arrête ! » (Or.). Il est possible dans certains propos de considérer le terme comme un nom propre, sorte de dénomination en "Zé" (cf zize*, zè*...) : « Ah, Zarma, comme tu me fais plaisir, tu le sais pas comme tu m'as fait plaisir ! » (Or.).

Zeb

● ◆ Variante locale de zob, zobi, zeb, empruntée à la langue arabe, le mot désigne argotiquement le sexe masculin : « Ta mère, elle aime le zeb ? « (VAL). Il joue aussi très fréquemment le rôle de "tic de langage" dans la conversation, marque le contact, l'invite ou l'invective avec le sens de l'exclamatif "merde !" : « Mohammed Al Moudjahid ! ça veut dire "le combattant de Dieu" !... Zob ! Mon flingue, con de toi ! » (CAR). Il se marie volontiers dans le langage avec des animaux plantureux : zobi d'ours ou d'âne.

Z'élu

❑ ◆ Cette distorsion littérale et acoustique d'une dénomination toujours plurielle, rappelant le mythique zébu, présente dans les romans de Ph. Carrese, évoque des élus locaux du peuple, soudainement perçus en tant qu'espèce, zoologiquement parlant. Genre à part, à la fois étrange et familier, le spécimen, marqué par le franchissement des urnes, mais démocratiquement biodégradable, appartient entre deux mues électorales à un type pour lequel les modèles de terrain ne manquent pas et que le Marseillais considère avec une certaine ironie désabusée : « Un élu a dit : "La réhabilitation sera notre cheval de bataille..." ou quelque chose comme ça... Et quand les z'élus le disent... A "la Ville", c'est le même z'élu qui s'occupe de ça depuis trente ans. Tant* c'est lui qui les a fait construire, au départ, il y a trente ans, toutes les barres d'immeubles qu'ils démolissent maintenant » (CAR).

Une sous-classe de la branche, caractérisant un échantillon à l'activisme pirouettant et dérisoire, existe ; on l'habille du joli mot d'**éludion**.

Zize

● ◆ Ce nom et prénom, proche de sens et de forme de nine* est peut-être un diminutif de Louise ; il s'adresse affectueusement à une jeune fille ou une jeune femme ("ma zize") : « Ma zize, le gourou l'a prise/Au zef ingrat de mai/Ma zize, la mouise l'a prise/Balin, balan, fatche de vent ! » (D.).

Zou

● ❖ Interjection mobilisatrice, entraînante, que l'on peut traduire par "allez !" : « Zou que j'ai une conférence de presse à la Région ! » (Or.). Le groupe musical Massilia Sound System, se souvenant de certaine comédie musicale des années trente (*Zou, un peu d'aïoli !*) a réactivé ce mot, à la fois au sens propre et au sens figuré : « Il suffira de dire Zou ! pour remonter ton aïoli » (Mss). Associé à l'emblématique boulégan*, l'expression renforce encore le dynamisme de l'action. Il convient alors de laisser à l'ami Jo les mots de la fin : « Mouvement dub massaliote la mouvance des patriotes apatrides hot chaud devant, allez chaud, zou boulegan » (J.C.) ; « Allez chaud zou boulègue collègue*, zidia bouzid pace salute à tutti, salam wadadah, every boudi » (J.C). L'interjection **zou maï**, encore vivante dans l'usage, marque l'encouragement et le plus souvent l'impatience ou l'exaspération, synonyme d'"en avant !", "encore", "de nouveau" : « Zou maï des filades* sur cette liste, pouvez pas échanger de l'amour au lieu des oursins, non ? » (PdM).

Index des mots

A.+	77	Arracher	26
A. A	17	Avion	26
Accident	17	Aza	27
Achopper	75	Ba	29
Aco	17	Bab El Oued City	223
Addict	200	Babàou	35
Adieu	18	Babi	29
Affaire	18	Baboulin	30
Agachon	18	Baby	30
Aganter	19	Baby	30
Aguinter	19	Bacala	30
Ail Teque	20	Bacèu	29
Aïoli	20	Bâcher	31
Aïolisation	21	Bada	31
Aïolisé	21	Bader	31
Aïollywood	21	Balarguer	32
Air	22	Balayures	32
Alibòfis	22	Balès	33
Alors-alors	23	Balèti	33
Américanades	23	Balin-balan	34
An pèbre	23	Baller	34
Anchoïade	24	Banane	34
Anchois	24	Banaste	35
Anis elbow	200	Baou-baou	35
Aouf	25	Barjaquer	36
Aque	25	Barquasse	36
Arapède	25	Bartavelle	36
Arrach	26	Bartavéler	37

Bascour	37		Bougnette	50
Basilic	37		Bouillabaisse	50
Bastide	38		Boulégon	50
Bastonner	38		Bouléguer	50
Bati-bati	39		Boulette	50
Bazarette	39		Boulibaï	52
Bazaretter	39		Boumian	52
Beau	39		Bourg	52
Bèbe	40		Bourgette	52
Bébéc	40		Bout	53
Bédelet	41		Bouti	53
Bellastre	41		Boyg	53
Bellure	42		Bozzo	53
Ben boufa	42		Brailles	54
Bescanti	43		Brancaci	54
Bestiari	43		Bras-cassés	54
Beuz	43		Brave	55
Biais	44		Brêle	55
Bien ou bien	133		Bronze	55
Bisquer	44		Broque	56
Bisqueur	44		Broumé	56
Blob	44		Brouméger	56
Bock	45		Cabanon	57
Bocquer	45		Cabèche	58
Bofi	45		Cabestron	58
Bombarde	52		Cacalouche	58
Bombasse	45		Cacarinettes	58
Bomi	46		Càcou	59
Bonne	46		Cafi	60
Bordille	46		Cafouch	60
Boucan	97		Cagade	61
Bouche	47		Cagadou	61
Boudenfle	48		Cagagne	61
Boudiou	48		Caganis	61
Boufe	48		Cagatrouin	61
Bouffon	48		Cagnard	62
Bouffonner	49		Cagole	62
Bouffonneur	49		Cagolette	63
Boufigue	49		Cagoline	63
Bouger	49		Caguer	63

Caillasses	65		Cigales	78
Calculer	65		CIM	78
Caler	65		Clandestood	159
Calignage	66		Claver	78
Calignaire	66		Cœur	79
Caligner	66		Collègue	79
Calu	66		Collèganous	79
Cambaler	66		Commission	80
Cambaleur	67		Con	80
Camion	67		Cône	81
Capelan	67		Coquin de sort	82
Capèu	68		Coquinasse	82
Caramantran	68		Coucourde	82
Caraque	69		Couffe	82
Cariole	69		Couillèti	83
Cash-flash	69		Couillon	83
Castapiane	69		Couillonnades	83
Cerise	70		Counas	84
Chala que	70		Courrentille	84
Chaler	70		Cousin	84
Chaple	70		Cramé	845
Chasper	71		Crapuleux	85
Chaspeur	71		Crassous	86
Cheper	71		Crier	86
Cher	72		Croire	86
Cheudeu	72		Croix	86
Chiapacan	72		Croquant	87
Chibre	210		Cul	87
Chichette	73		Cuts	196
Chichi	73		Dache	89
Chichi-frégi	74		Damote	89
Chichibelli	74		Dangereux	89
Chichourle	74		Darwa	90
Chimique	75		Daubasse	90
Choper	75		Daube	90
Choune	75		Daurade	90
Chouner	75		Débonze	91
Chourmo	76		Décalquer	91
Chtebeuh	77		Décamer	92
Ciao	77		Déchirer	92

Dégun	92	Escape	104
Dékère	93	Escaper	104
Déparler	93	Escate boarde	105
Dépéguer	183	Escoundre	105
Déquiller	196	Espérer	105
Débesquiller	197	Espincher	105
Destrussi	94	Espoutir	106
Digue	94	Esques	106
Djedje	94	Esquichade	107
Djobi	95	Esquicher	107
Doigts	95	Esquinade	106
Duber	95	Esquinter	41
Dzo	96	Estoufadou	107
Eludion	230	Estouffe	108
Emboucan	97	Estoumagade	108
Embouligue	97	Estramasser	108
Embrailler	54	Estrambord	108
Embroncher	98	Estranci	109
Emmasquer	155	Estranciner	109
Empéguer	183	Estrangers	109
Encagnarder	62	Estrangin	110
Encaper	98	Estrasse	110
Enchaîner	99	Estrasser	110
Enclumacho	99	Estron	111
Enclume	99	Etang de Berre	127
Encroire	99	Face	116
Enfévé	100	Fada	113
Engambi	100	Fadoli	114
Engatse	100	Faire	114
Engatser	101	Fan	115
Engrainer	101	Fan de	115
Enguer	102	Fanny	115
Enquiller	196	Faro	116
Enraguer	102	Fatche	116
Ensoleiller	102	Favouille	117
Ensuquer	102	FDM	117
Entrant	103	Feu	118
Esbigner	103	Fier	118
Escagasser	103	Fifi	118
Escaner	104	Fifre	119

Figue	119	Garrigue	132
Figure	116	Gaver	133
Filade	120	Gazer	133
Filer	119	Gazon	133
Fin-fin-fin	120	Gercler	134
Fini	120	Gisclet	119
Fioli	120	Gobeur	134
Flambante	121	Gobi	134
Flou	121	Go-go dancer	135
Fly	121	Gonfle	135
Flyade	122	Gounflaïré	135
Flyer	122	Grafigner	135
Footeux	122	Gras	136
Fourbe	123	Gratter	136
Fracada	123	Gris	137
Frangipane	123	Guacho	137
Fréquenter	124	Guinter	137
Frotadou	124	Gundé	93
Frotasse	124	Hakha	139
Furade	125	Hall	41
Furer	125	Halla	90
Gabian	127	Hallo	139
Gâch'empega	128	Ham	41
Gâche	127	Haygagan	139
Gâcher	128	Impinable	141
Gadjo	128	Indien	141
Gagalouchie	58	Ivrognasse	141
Galéger	129	Jaja	143
Galéjade	129	Jambon	143
Galère	129	Jaune	144
Galette	130	Jaunet	144
Galine	130	Jobastre	144
Galou	130	Karmème	145
Gamate	131	Kartier	145
Ganare	169	Khayav	146
Gansailler	131	Khéké	59
Gantchou	131	Kilé ha	146
Ganzou	131	Killer	146
Gargamelle	132	Kinflu	147
Gàrri	132	Korki	147

Langue	149	Mounine	164
Liasse	199	Mourre	40
Limonade	149	Mûr	164
Longue (de)	150	Mytho	165
M'enfouti	158	Mythomaner	165
Madur	151	Nardin	167
Maffre	151	Négro beurré	167
Magasin	152	Néguer	167
Malon	152	Nervi	168
Mandjapan	153	Niaï	168
Manger	153	Niasquer	168
Mariole	153	Nifler	169
Marquemal	154	Nine	169
Marron	154	Niston	169
Marronner	154	Novis	170
Marsimil	154	Oing	171
Mascaré	155	Olive	171
Masque	155	Ouaille	172
Mastégons	22	Ouaneguène	172
Mastéguer	155	Oursinade	172
Mauresque	156	Pachole	175
Méfi	156	Pacholette	175
Mégot	157	Pacoule	175
Meilleur	157	Pacoulin	175
Mener	157	Pain	118
M'enfouti	158	Palangrotte	176
Mère (Bonne)	158	Palenquée	176
Meskin	159	Panisse	176
Mettre	159	Papous	123
Mia	159	Paraviré	177
Minable	159	Parler	177
Minhhgui	161	Parole	177
Minot	161	Parpeléger	178
Moisi	162	Pastaga	178
Momie	162	Pastis	178
Monter	163	Pastisser	179
Mougne	163	Pastisson	179
Mouligasse	163	Pàti	179
Moulon	164	Patin-coufin	180
Moulonner	164	Payo	180

P.B.C.	180	Putain	193
Pébron	181	Qué	195
Pécaïré	181	Queutchi	195
Pécole	70	Quignon	196
Pécou	182	Quiller	196
Pégot	183	Quique	197
Pègue	182	Racaille	199
Péguer	183	Racailler	199
Pégueux	183	Racaillon	199
Péguon	182	Radasse	200
Pépinos	184	Radasser	200
Perroquet	184	Radassier	200
Pescadou	184	Raquer	201
Péter	185	Rasbaille (A la)	201
Péton	185	Rascous	201
Pétoule	186	Raspi	202
Pétoulet	186	Rataillons	202
Pièce	186	Ravan	202
Pied	186	Ravi	202
Pile	187	RC51	199
Pimper	187	Reléguer	203
Pissadou	188	Rembrailler	54
Pistachié	188	Remettre	203
Pistou	188	Réné	203
Pitchoun	189	Respect	204
Piter	189	Resquiller	204
Piyav	146	Resquilleur	204
Place (En)	190	Restanque	205
Plan	190	Rétamer	204
Plan-plan	190	Roulade	205
Pointer	190	Rouste	205
Pointu	191	Ruiner	206
Posse	191	Sac à dos	26
Poubelaïre	192	Santon	207
Pounatche	175	Saquèti	207
Pourquoi	192	Sara (de toi)	207
Pourrave	192	Sartan	208
Pressing	192	Scapper	105
Prod	193	Scotché	211
Purge	193	Scud	208

Sèbe	208
Sec	209
Sègue	209
Séguer	209
Sent-bon	210
Sgueg	210
Stàssi	210
Steack	211
Steacké	211
Stoquefiche	211
Straou	212
T'aing	193
Tache	213
Taffanàri	213
Tanquer	214
Tant	214
Taraïette	214
Tavan	215
Taxade	215
Tchatche	216
Tchatcher	215
Tchoutchou	216
TDC	67
Té !	216
Techno man	134
Tégève	216
TGV	217
Testard	217
Testardise	217
Teston	217
Tian	217
Tifis	86
Total Khéops	218

Tòti	218
Touffe	123
Traviole	218
Trente deux (32)	165
Tribu	219
Trobar	219
Tromblon	219
Trompette	47
Tron	220
Tronche	220
Vaï !	221
Vé	221
Venir	221
Vie	222
Vié	222
Ville	222
Vire	224
Vire-vire	223
Virer	223
Voile	119
Vomi	46
Voueï	224
Vrille	224
Wahed	225
Waibe-masteur	225
Yéba !	227
Zarma	229
Zeb	229
Z'élu	230
Zize	230
Zonzon	163
Zou	230

Annexes

ENQUÊTEURS ET COLLABORATEURS

Les enquêteurs et leurs terrains d'enquête : Yvan Aubin (Saint-André, Panier), Laura Borrelly (Vauban), Daniel Cardine (Endoume), Françoise Défendini (Joliette), Alain Delvecchio (Pharo), Martine Dupuy (Cinq-Avenues), Régine Gaud (Centre ville, Joliette), Sarah Kecira (Centre, Quartiers Nord), Hervé Massuco (Saint-Henri), Gisèle Maurizio (Estaque, Chartreux), Jeanine Sanchez (Canet, Saint-Gabriel), Lidia Thys (Saint-Lazare, Le Chapitre), Françoise Vidal (Estaque Plage).

Les collaborateurs : Jo Corbeau, Geneviève Dubreuil, Pierre Echinard, Danielle Perret.

SOURCES

I. Dictionnaires, lexiques

ACHARD (C.F), *Dictionnaire de la Provence et du Comté Venaissin*, T.1,2, Marseille, J.Mossy, 1787.

BLANCHET (Ph.), *Dictionnaire du français régional de Provence*, Bonneton, 1991.

BOUVIER (J.C.), MARTEL (C.), *Anthologie des expressions en Provence*, Rivages, 1984.

BOUVIER (R.), *Le parler marseillais*, Jeanne Laffitte, 1985.

BRUN (A.), *Le français de Marseille, étude de parler régional*, Institut historique de Provence, 1931.

CELLARD (J.), REY (A.), *Dictionnaire du français non conventionnel*, Hachette, 1980, 1991.

Dictionnaire historique de la langue française (D.H.L.F.), Dictionnaires Le Robert, 2 t., 1992.

Grand Robert de la langue française, (G.R), 2ᵉ Dictionnaire Le Robert, 1992.

COLIN (J.P.) et MEVEL (J.P.), *Dictionnaire de l'argot*, Larousse, 1990.

GABRIELLI, *Manuel du provençal ou les provençalismes corrigés, à l'usage des habitants des départements des Bouches-du-Rhône, des Basses Alpes, du Vaucluse, du Gard*, Aix, Aubin,1836.

GOUDAILLIER (J.P.), *Comment tu tchatches ! Dictionnaire du français contemporain des cités*, Maisonneuve et Larose, 1997.

HONNORAT (J.J), *Dictionnaire provençal-français*, Digne, 2 t, 1846-1848.

JEAN JAQUE, *Les Càcous, le parler de Marseille*, Aubéron, 1997.

MARTEL (C.) *Le parler provençal* (introd. J.C.Bouvier), Rivages, 1988.

MARTEL (C.), *Dictionnaire du jeu de boules*, Rivages, 1998.

MERLE (P.), *L'argus des mots*, L'Archipel, 1997.

MISTRAL (F.), *Lou Tresor dou Felibrige, ou Dictionnaire provençal-français*, 1879-1886.

NOUVEL (A.), *Le français parlé en Occitanie*, Editas, Montpellier, 1978.

Trésor de la langue française : Dictionnaire de la langue du XIXe et XXe siècle (1789-1960) (T.L.F.), C.N.R.S., 16 t., 1971-1995.

PELLAS (S.-A), *Dictionnaire provençal et français*, Avignon, 1732.

REY (J.C), *Les mots de chez nous, étrangers aux « estrangié » de la Provence,* Autres temps,1997.

REYNIER (L.), *Corrections raisonnées des fautes de langage et de prononciation qui se commettent même au sein de la bonne société dans la Provence et quelques provinces du Midi,* Marseille, 1829.

ROUX-DUSSAULT (E.) *Enquête sur le français parlé à Marseille. Etude de Lexicologie,* maîtrise dactylographiée, sous la direction de M.M. Stéfanini et Chervel, Université de Provence, 1969.

VIDAL (A.), *Dictionnaire du jeu de boules*, Jeanne Laffitte, 1990.

II. Mémoires, récits, fictions (consultés)

Les initiales **en gras** désignent les auteurs des citations dans le texte

AUD – AUDOUARD (Yvan), *Les dessous du Panier*, Plon, 1969.

AUT – Revue Autrement, *Marseille, histoires de famille*, fév. 1989.

AUT – Revue Autrement, *Ma Provence à moi*, Presses Pocket, 1968.

BOU – BOUVIER (Robert), *Tresse d'aïet*, Jeanne Laffitte, 1997.

BAZ – BAZAL (Jean), *Si Marseille m'était dansée*, C. Mezzana, 1985.

BLA – BLANC (Henri-Frédéric), *Jeu de massacre,* Actes Sud, Presses Pocket, 1991.

CAR – CARRESE (Philippe), *Trois jours d'engatse,* Fleuve noir, 1994.

CAR – CARRESE (Philippe), *Filet garni*, Fleuve noir, 1996.

CAR – CARRESE (Philippe), *Pet de mouche et la princesse du désert,* Fleuve Noir, 1997.

CAR – CARRESE (Philippe), *Le petit lexique de Ma-belle-Provence-que-j'aime,* Jeanne Laffitte,1996.

CAR – CARRESE (Philippe), *Allons au Fond de l'apathie,* Le Poulpe, éd.Baleine, 1998.
CAU – CAUVIN (Patrick), *Rue des Bons-Enfants*, Albin Michel, 1990.
CIR – CIRAVEGNA (Nicole), *Chichois de la rue des Mauvestes*, Bordas, 1979.
CIR – CIRAVEGNA (Nicole), *Les trois jours du cavalier*, Seuil, 1979.
COU – COURBOU (Michèle), *Les Chapacans*, Gallimard, Série noire, 1994.
DET – DETAILLE (Albert), *Les noyaux de cerise*, Detaille, 1978.
DUG – DUGRAND (Alain), *La baie des singes*, Grasset, 1996.
ECH – ECHINARD (P.), *Marseille au quotidien, Nouvelles chroniques du XIXe siècle,* « Le marseillais d'hier et sans peine », Jeanne Laffitte, 1994.
HAR – HARREL-COURTES (Christian), *Marseille nostalgie,* L'Harmattan, 1994.
HEI – HEINIC (Lionel), *Les chapeliers de la Bonne Mère*, J.M.Garçon, 1990.
IZZ – IZZO (Jean-Claude), *Total Khéops*, Gallimard, 1995.
IZZ – IZZO (Jean-Claude), *Chourmo*, Gallimard, 1996.
IZZ – IZZO (Jean-Claude), *Les marins perdus*, Flammarion, 1997.
IZZ – IZZO (Jean-Claude), *Vivre fatigue,* EJL, coll. Librio, 1998.
JEAN – JEANSOULIN (Louis), *Le souvenir du dialecte,* Bull. du Comité du Vieux-Marseille, 39, 1998.
LON – LONDRES (Albert), *Marseille porte du sud*, Jeanne Laffitte, 1980.
MED – MEDAM (Alain), *Blues Marseille*, Jeanne Laffitte, 1995.
MER – MERLE (René), *Treize reste raide*, Gallimard, 1997.
PAG – PAGNOL (Marcel), *Œuvres complètes.*
PEI – PEISSON (Edouard), *Hans le marin*, Grasset, 1929.
QUE – QUEFFELEC (Yann), *Disparue dans la nuit*, Grasset, 1994.
RIM – RIM (Carlo), *Mémoires d'une vieille vague*, Gallimard, 1961.

ROU – ROUBAUD (Louis), *Chez nous à Marseille, ainsi parlaient mes parents et grands-parents,* Edition du Club cartophile marseillais, 1993.
THO – THOMAZEAU (François), *La faute à dégun,* Misteri, 1996.
THO – THOMAZEAU (François), *Qui a tué Mr Cul ?,* Misteri, 1997.
VAL – VALABREGUE (Frédéric), *La ville sans nom,* P.O.L., 1989.
VAN – VAN CAUWELAERT (Didier), *Un aller simple,* Albin Michel, 1994.

III. Journaux, bandes dessinées

Vé (VÉ), La Sardine (SAR), Vé qui y a, VQ (NOV) Nova Magazine, Scratch, Fada-zine, Café Verre, Taktik.

Les BD citées :
AUT-AUTHEMAN, Jean-Pierre et ROUSSEAU, *Condor : opérette marseillaise,* Dargaud, 1993.
BEK- BEKER (Léo), *Le rock de la pastèque,* Dupuis, 1995.
SÉGUIN (Xavier), *Le Fada sur la colline,* Bayard Press, 1983.
BIG – BIGNON (Alain), VIDAL (Guy), *Plus con, on tue ?,* Dargaud, 1983.
BRO – BROCHARD (Pierre), *La calanque du requin,* Triomphe, 1995.
MOR – MORIQUANT, LACAF, *Les pêcheurs d'étoiles,* T.4, Glénat, 1992.
SAV – SAVARD (Didier), *La conspiration des poissonniers,* Dargaud, 1992.
STA – STANISLAS, RULLIER, *Trafic en Indochine,* Alpen Publishers, 1990.
UCC – UCCIANI, MOUCHENIK, *Rasta,* Artefact, 1983.
C&A – CARRERE, ARLESTON, *Léo Loden, un privé à Marseille,* Soleil Productions, Toulon :
T.1 Terminus Canebière, 1992/*T.2 Les sirènes du Vieux -Port,* 1992/*T.3 Adieu ma Joliette,* 1993/*T.4 Grillades provençales,* 1993/*T.5 Pizza aux pruneaux,* 1995 / *T.6 Vodka mauresque,* 1996.

IV. Disques

MSS – Massilia sound system : Rude et souple (1989)/ Parla Patois (1991)/Violent (1992)/ Chourmo (1993)/ Commando Fada (1995)/ Aïollywood (1997)

QN – Quartiers Nord : Quartiers Nord (1979)/Incrustés dans un WC/Bancal (1984)/Maman Marseille (1988)/Fou mais pas fada (1992)/Reliques (1993)/Basilic Instinct (1994)/A l'Est de l'Estaque (1997).

IAM – Iam : De la planète Mars (1991)/Ombre est lumière (1993)/L'Ecole du Micro d'argent (1997).

J.C – Jo Corbeau « Savon de Marseille », textes dactylographiés.

BWZ – Black'nd White Zulus/Une saison au Panier II, CIPM, 1992.

F – Les Fumistes/Mange salade (non publié, 1996) ; Castapiane à Mourepiane (non publié, 1995).

H – Hypnotic : textes non publiés (Génération Toubamuffin ; Les Provençaux ; Calme-toi ; Tout ce que l'on veut c'est...de la soupe de poissons ; Tombe camion ; Le gang des Occitans ; Le Pastis).

FF – Si Dieu veut, Inch Allah !, 1997.

REN – A la Belle de Mai, Virgin, 1994.

Folklore cacou, La Zize et la Malagutti.

V. Internet (sites)

Le Pari de Marseille (www.integra.fr/marseille) ; Marseille sur Web (www.marseille-sur-web.fr) ; Site officiel d'IAM (www.iam.tm/fr) ; sites de Laurent Oreggia (les Ultras de l'OM) ; site non officiel d'IAM de « Sébastien le Neuneu » ; Site officiel Massilia Sound System (www.lia.imt-mrs.fr/massilia). Sur ces sites, les personnes ont été contactées pour « identification marseillaise ».

Suppléments

Des lecteurs attentifs nous ont signalé des "manques" criants dans notre dico ; afin de respecter la vivacité de cette langue qui évolue au jour le jour et leur donner satisfaction, nous apportons ici quelques ajouts indispensables à la compréhension la plus actuelle du langage marseillais.

Page 34 :
Ballon
D'emploi courant chez les footeux*, l'expression métonymique "aller au ballon" signifie "aller au match", c'est-à-dire à Marseille, "aller à l'OM".

Page 73, à **Chiapacan** *6ᵉ ligne, lire :*
De l'italien ***acchiapacani***, "employé de fourrière", mot à mot "attrape-chiens". *et à la fin du mot...* : Synonyme : chien des quais, qui désigne maintenant chez les jeunes un "aventurier" ou un "marginal". D'origine arménienne et bien connu des Marseillais de Saint-Antoine, choun, "chien", est une injure grave.

Page 73, à la fin de **Chichi** *:*
Autre sens relevé "bisou".

Page 146, à la fin de **Kilé ha** *:*
En langue jeune, encatané.

Page 154, à la fin de **Marsimil** *:*
Et aussi, Marsimil, ou l'histoire d'une ville, comme en témoigne le nouveau jeu qui fait fureur à Marseille.

Page 167 :
Nari
En Wolof, langue du Sénégal, *nar* désigne les "arabes". Mot de la tradition locale, au sens de "nul", "minable", nari est repris par les jeunes des quartiers nord de Marseille, en un sens encore plus dépréciatif (cf. "connard nari").

Page 190, à la fin de **Plan** *:*
Toujours en redoublement, on rencontre le synonyme d'origine arménienne gamatz-gamatz, "doucement-doucement".

Errata

Page 12, ligne 20 : au lieu de *en pleine vigueur*, lire **et vigoureuse.**

Page 13, dernière ligne : au lieu de *D.A. et J.M.*, lire **D.A. et J.M.K.**

Page 37, ligne 20 : au lieu de *peuple*, lire **peuplent.**

Page 42, ligne 7 : il n'y a pas d'astérisque après *nébu.*

Page 48, ligne 2 : au lieu de *c'est le*, lire **est un.**
Page 48 : après le titre *Boufe*, lire aussi **(Bouffe).**

Page 87, ligne 12 : au lieu de *Parler croquant*, lire **Le parler croquant.**

Page 91, ligne 18 : au lieu de *cause*, lire **causes.**

Page 131, ligne 13 : il n'y a pas d'astérisque devant *tautène*
ligne 20 : il n'y a pas d'astérisque devant *fiélas.*

Page 176, 8 lignes avant la fin, au mot **"panisse"** : lire **pois chiche** et non *maïs* (que l'on fait *frire* à la poêle, et non *griller*).

Page 182, 13 lignes avant la fin : suppression des mots *en provençal.*

Page 200, ligne 13 : au mot **"radasser"** : après *dorée de soleil* : lire **synonyme "faire un pénéquet", un "petit somme".**

Achevé d'imprimer en juillet 1999
sur les presses de l'Imprimerie Robert, Gémenos
pour le compte des Editions Jeanne Laffitte, Marseille